VOLUME II

HISTÓRIAS MEMORÁVEIS

PESSOAS QUE DECIDIRAM TRIUNFAR

EDITORA
CHAVE MESTRA

Título original em Português: Histórias Memoráveis volume 2: Pessoas que decidiram triunfar

Direção Editorial: Raquel Medeiros
Revisão: Híllona Anjos
Design de capa: André Rodrigues
Diagramação: Conect 3

O conteúdo desta obra é de total responsabilidade dos autores e não reflete necessariamente a opinião da editora.

Dados Internacionais de Catalogação na Publicação (CIP)

Vale, Rogério (Organizador)
V149 Histórias Memoráveis - Volume 2: pessoas que decidiram triunfar / Rogério Vale – Barueri, SP: Chave Mestra Editora, 2022.
248 p. : 16 x 23 cm

ISBN 978-65-84979-20-8

1. Desenvolvimento pessoal. 2. Mindset. 3. Negócios. 4. Riqueza. 5. Sucesso nos negócios. 6. Atitude. I. Título.

CDD 158.1

EDITORA
CHAVE MESTRA®

SUMÁRIO

PREFÁCIO

No primeiro volume desta série, contei como as histórias impactaram profundamente a forma como eu vejo o mundo - desde pequena, aprendi a me inspirar no que "gente grande" tinha para compartilhar.

Mas sabe o que é curioso? Mesmo sendo apaixonada por histórias, eu nunca gostei muito de fantasia. Magia, mundos fantásticos, criaturas mitológicas...Nada disso é minha praia.

Muita gente não entende como isso é possível...

E aqui vai um segredo que guardo há muito tempo: eu sempre acreditei que a vida, por si só, já nos dá grandes oportunidades de viver o extraordinário!

Quando uma pessoa nasce em um ambiente desfavorável, luta contra todas as circunstâncias e alcança seus sonhos. É aí que meus olhos brilham.

Quando vejo alguém que perdeu tudo e neste momento aprendeu a se reconstruir, isso me dá energia para lidar com meus próprios desafios.

É através das realizações de outros profissionais que eu também me sinto capaz de ir além!

Não é à toa que uma das minhas frases favoritas é de Walt Disney, em que ele diz:

***"Gosto do impossível
porque lá a concorrência é menor!"***

Sabe... eu passei por muitas coisas nessa vida.

Na adolescência, andei muito a pé por não ter o dinheiro para o ônibus. Fui vendedora de cosméticos, semijóias e até colchões. Estudei e lutei bastante para me tornar uma executiva de sucesso.

Aos 27 anos, eu já tinha saído de um salário de R$500,00 como vendedora e conquistado um salário de R$50 mil. Aos 28, descobri que empreender é para os fortes e determinados. Perdi quase tudo o que eu tinha conquistado com escolhas erradas.

Foi nas biografias de pessoas de sucesso que descobri estratégias para lidar com as adversidades.

Nos filmes baseados em histórias reais, encontrei fontes de inspiração e maneiras criativas para encontrar soluções.

Em conversas com amigos empreendedores, pude compreender que é a dor que nos torna resilientes. Nas nossas fraquezas estão escondidas nossas fortalezas.

Hoje, sendo palestrante, faço das minhas histórias um caminho para impactar outras pessoas que, assim como eu, lutam todos os dias para construir uma vida memorável!

Já são mais de 3 mil alunos que descobriram o poder de compartilhar suas histórias através de palestras, treinamentos e livros.

É exatamente por isso que tenho orgulho em compartilhar com você este livro.

Contudo, eu preciso ser sincera com você...

Não foi nada fácil finalizar esta obra.

Porque são tantas histórias de superação, tantas transformações de profissionais que antes estavam no fundo do poço e, hoje, eles por conta de conhecimento, cursos e livros como esse, descobriram uma fórmula de serem disputados por clientes.

São tantos relatos de quem duplicou e até triplicou o valor cobrado pelo seu trabalho...Finalmente se tornaram profissionais 3Rs: Reconhecidos, Requisitados e muito bem Remunerados.

São tantas histórias inspiradoras de pessoas que enfrentaram o mundo real e hoje vivem algo muito melhor do que qualquer obra de ficção!

São tantos resultados fora da curva, que foi difícil escolher apenas 30 para fazerem parte do segundo volume da série Histórias Memoráveis.

Tome muito cuidado! Porque essa leitura vai te inspirar de tal forma, que a sua vida vai dar um salto em poucos meses!

Prepare-se.

Daqui pra frente, só melhora.

Tathi Deândhela

ALINE LAYBER

01

Sou Aline Layber Santos de Oliveira Passos, tenho 41 anos, nascida e criada em Guarapari/ES, onde resido até hoje. Sou filha de Jocelim Alves dos Santos e Geuza Maria Layber Santos. Sou casada com Mayko de Oliveira Passos e nós temos dois filhos, Matheus Layber de Oliveira Passos (15) e Maria Alice Layber de Oliveira Passos (12). Irmã de João Batista e Ariane Layber.

Bacharel em Comunicação Social, Jornalista, Relações Públicas com MBA em Gestão de Pessoas e Marketing e também apresentadora de programa de TV, palestrante internacional, escritora e mentora de comunicação.

Com carinho apresento o meu capítulo: Envergo, mas não quebro.

@aline_layber
programa em destaque oficial
Em Destaque com Aline Layber
(27) 99886-1079
alinelayberapresentadora@yahoo.com

ENVERGO, MAS NÃO QUEBRO

Por Aline Layber

Superando limites e consolidando novos resultados

Conta minha mãe que quando nasci eu chorei muito. Chorei tanto que nem o colinho profissional das enfermeiras, nem o leite materno calava aquela boquinha "arreganhada". Ali, eu acredito que já estava entendendo que a vida até poderia ser linda, mas me apresentara que muitas lágrimas fariam parte dela.

Quando criança, brincar na rua de pique-pega era o que mais gostava de fazer, perder as disputas desses momentos, era, por muitas vezes, motivo para lágrimas. No fundo do quintal da casa do vovô ficava a nossa pequena casa feita de tábua, onde o frio da temperatura baixa passava pelas frestas que eram grandes em alguns pontos do barraco.

Ali, do lado de fora, no quintal, eu adorava me pendurar de cabeça para baixo no pé de goiaba, feito uma macaquinha. As marcas dessa "levadice", eu carrego até hoje nas canelas.

Quando me tornei adolescente, descobri que queria ser famosa e aparecer na televisão. Amava estar na primeira fila de toda situação: nas festas dos vizinhos, eu me posicionava para os registos como se fosse um membro da família. Em 2008, graduei em Comunicação Social e em 2010 ingressei minha carreira de jornalista na TV da minha cidade (TV Guarapari).

Recordo-me que quando minha primeira matéria foi para o ar, me emocionei. Naquela emissora, enfrentei desafios, mas conquistei o meu espaço, o meu lugar no mercado e me realizei profissionalmente. Em cada lugar que eu chegava para gravar era acolhida com carinho e alegria pelo povo. Me desliguei da emissora em 2014, mas até hoje em alguns lugares que vou, sou surpreendida com a frase "Você é Aline Layber da TV Guarapari, né?"

Ao longo da minha caminhada, conheci empresas que contribuíram com o meu crescimento, como o Portal 27, um dos maiores sites de notícias do ES. Através do Portal, subi grandes degraus na minha profissão e tive o prazer de entrevistar artistas nacionais como: Maiara e Maraísa, Gusttavo Lima, Bruno e Marrone, Annita e ainda dei uma palhinha com a eterna Marília Mendonça (compartilho mais sobre isso na minha palestra - Potencializando suas forças para alcançar metas e objetivos). Também tive o privilégio de firmar uma parceria com a Revista SOU, uma revista que ganhou destaque na cidade. Nesta ocasião, entrevistei dois grandes fenômenos da literatura Brasileira: Rossandro Klinjey e Mário Sergio Cortella.

Lágrima de dor

Você já ouviu dizer que quanto mais o sucesso vem, mais as provações aparecerem? Então, comigo não foi diferente. Em um tempo curto, minha imagem profissional ganhou um grande destaque na cidade.

Era feriado em 2019, quando eu seguia com meus dois filhos no carro, nós íamos curtir um dia de descanso que o calendário nacional tinha nos proporcionado e, por uma necessidade, precisei fazer uma conversão permitida. Ao realizar tal conversão, me envolvi em um acidente com um motociclista que seguia em direção contrária.

Foi um desastre! Desci do carro desesperada, esquecendo até meus filhos dentro do veículo. Nós não nos machucamos, mas o rapaz ficou entre a vida e a morte. Foi um momento de desespero e eu só sabia buscar ajuda para socorrer o rapaz que estava no chão, machucado, já que ao cair da moto o capacete se desprendeu e ele bateu com a cabeça no meio fio. Uma pessoa tirou os meus filhos daquela fatídica cena e comecei então a acionar meus contatos para conseguir um socorro mais rápido para aquele rapaz. Conseguimos e veio através do helicóptero da PM que o levou para a capital, onde seria, como foi, melhor socorrido. Após o socorro, já mais tranquila, uma vez que quem precisava mais de socorro já tinha sido atendido, realizei o teste do bafômetro que deu zero para ingestão de álcool. Em seguida fui até a delegacia para prestar meu depoimento e no primeiro dia útil da semana, dei entrada no meu seguro. Depois de dias internado, por milagre de Deus, fiquei sabendo que ele havia sobrevivido! Que Benção!

Em um tempo curto, recebi o valor referente à tabela FIP do meu veículo, que deu perda total, já que o eixo do mesmo tinha empenado pela força da pancada da moto. Eu liberei o meu seguro para que o rapaz pudesse receber tranquilamente o que era de direito dele, relacionado ao tratamento de saúde e a moto. Pago um seguro que disponibiliza total atenção para terceiros em caso de acidentes.

Poucos dias após o acidente, me recordo que fui dormir com o coração triste e quando acordei fui olhar as redes sociais e tive uma grande surpresa, a família do rapaz já estava negativando minha imagem de uma forma cruel na Internet. Fui caluniada, rejeitada, levei o título de assassina e até fui ameaçada de receber uma surra na rua pela companheira do rapaz. Quando tive essa infeliz surpresa, chorei, lembra das lágrimas que conto no início do livro? Então, desta vez elas foram de sangue. Em meio a dor da calúnia, entendia que ninguém tinha o direito de me julgar, foi um acidente, mas naquele momento se tratava da jornalista bem requisitada da cidade. Com as acusações da família, algumas pessoas tomaram as dores e formou-se uma cúpula de calúnia e difamação contra mim. Sofri. Até pensei em tirar minha própria vida, mas em meio a esse sentimento tinha uma convicção: eu não poderia desistir do sonho que pessoas más queriam destruir.

Os anjos ajudam a enxugar lágrimas

É sempre assim, entre as pessoas de coração ruim, sempre existem aquelas de coração bom. Sabendo da situação do rapaz, muitas pessoas do município o ajudaram, organizando rifas para que o tratamento fosse feito. Com o meu seguro liberado para os gastos comprovados não havia a necessidade disso, mas até hoje a família, mesmo eu tendo enviado toda documentação necessária à época, não se esforçou no tempo hábil, para receber o seguro, acredita caro leitor? Será por quê? Inclusive tive que acionar um advogado para que incluísse a seguradora no processo, para que ela, em juízo, arcasse com tudo que consta na apólice. Mas pasmem, segundo áudios que circularam pela cidade, tive a informação de que parte do dinheiro doado pela sociedade para que fosse usado na reabilitação do rapaz, havia desaparecido de sua conta bancária e que teria sido a sua companheira, a mesma pessoa que feriu e que juntou uma cúpula para acabar com a minha história, a responsável pelo infeliz ato. Foi aí que eu tive certeza, ela não tinha amor pelo companheiro, o problema era eu, o meu sucesso a incomodava. Lamentável tal constatação!

Em todo momento dessa situação, eu procurei manter um bom estado de espírito, o coração estava sangrando, mas mesmo assim, mantinha o sorriso nos lábios, o meu trabalho exige sorriso largo. Meus filhos também estavam sofrendo, eles precisavam da minha alegria, mesmo que externamente.

Enquanto eu era julgada e caluniada pela família e amigos do rapaz, eu orava. Fui ao fundo do poço, perdi contratos e amigos (que na realidade não eram). Hoje ouço burburinhos de pessoas que dizem ser amigos (as) na minha frente e até me chamam de querida, mas por trás me apontam até para quem desconhece a história. O mais engraçado é que eu sei exatamente quem são essas pessoas, acredita?

Com essa dor, também tive minha saúde comprometida, perdi a paz, perdi a voz, perdi a vez, mas não perdi a fé. Não perdi o desejo de levar adiante o meu sonho de continuar a ser a grande profissional que sempre fui. Hoje eu tenho a convicta certeza de que eu não perdi pessoas, foram elas que me perderam, pois eu sei a profissional diferenciada e dinâmica que sou. Eu doava a alma para as empresas nas quais fazia propaganda, quando passava o meu horário de almoço nas gravações, eu me contentava com um pedacinho de bolo, mas o importante ali era dar o meu melhor. E dei!

É tudo ou nada

Ao final desse capítulo, eu quero dividir com você que na vida é tudo ou nada. Você só vai superar limites e realizar sonhos quando souber agir e se posicionar diante dos ataques desta faculdade que se chama vida, seja eles profissionais ou pessoais, a mudança vem de dentro para fora. Quantas vezes tentamos corrigir o outro e o nosso interior está totalmente bagunçado?

Entenda, quando você não conseguir corrigir o que está dentro, não vai conseguir acertar o que está fora, sabe por quê? Porque a maioria das pessoas procura problema lá fora, no governo, nas pessoas, nas empresas, nos concorrentes. O que será? Crise? Família? Será que Deus não quer que eu tenha sucesso? E aí, você continua buscando respostas lá fora e o problema não é externo.

O problema é que é mais fácil apontar e tirar vantagem em cima de pessoas ou situações, do que entender que a vida é um constante ensinamento. Até o trágico acidente veio para ensinar, não só ao rapaz, que talvez ainda falte aprender algo, mas a mim, que continuo agradecendo pela oportunidade de ele viver uma nova história.

Busque anotar em sua memória a frase: "Se as coisas estão ruins lá fora, é porque tem alguma coisa errada aqui dentro."

Eu quero dizer ainda que, independente do tamanho da sua luta, você é extraordinário. Independente do que fazem para te derrubar, você é capaz de superar todos os seus desafios e realizar seus projetos quando sabe ser verdadeiro e leal com o próximo. Continue.

As pessoas más não tinham ideia do que faziam quando me expulsaram da minha zona de conforto direto para o meu destino. Hoje, além de uma grande profissional da comunicação, sou palestrante internacional, escritora e mentora. Olha quem me tornei. A eles sou grata pelo deserto, pelo vale, pela dor e principalmente pela oportunidade de ser ainda mais diferenciada no mercado. Hoje, eu também trabalho a determinação, a geração de resultados, o engajamento, a produtividade dentro das empresas, além do posicionamento da comunicação verbal e não verbal com dicas que ajudam a perder inibições, aumentar o poder do convencimento e ter uma boa oratória.

Deus é contigo, caro leitor. Continue remando, a sua vitória é certa!

Considere quão difícil é julgar a si mesmo e você vai entender quão pouca chance você tem de julgar outras pessoas.

Aline Layber

ALINNE MOURE

02

Nascida em Ribeirão Preto/SP, especialista em Liderança e Desenvolvimento Pessoal. Palestrante e mentora em Autoliderança e Proatividade, ajudou muitas pessoas, durante 6 anos a liderarem suas próprias vidas.

Em dezembro de 2021 teve a oportunidade de se tornar facilitadora na maior escola de oratória da América Latina, Vox2You, formando mais de 50 alunos.

Em junho de 2022 foi convidada a se tornar coordenadora na área pedagógica da Vox2You, tendo como compromisso treinar os novos facilitadores da franquia, além de garantir todo o suporte administrativo que precisam.

Sua missão é ajudar pessoas a compreenderem melhor sobre os conflitos internos e os medos que as impedem de prosperar e realizar os seus sonhos e as suas metas de vida, através da comunicação, autoliderança e proatividade.

@alinnemoure
Alinne Moure
Alinne Moure
(16) 99194-6081

POR QUE DEVEMOS APRENDER A NOS LIDERAR?

Por Alinne Moure

Nossas atitudes determinam nossos resultados. São forças que nos ajudam a chegar aonde queremos, considerando os caminhos que percorremos e o momento em que nos encontramos.

Para tomada de decisão, nosso cérebro usa basicamente três sistemas: a flexibilidade do momento presente, a percepção do nosso passado e a criação de imagens do nosso futuro. A neurociência entende que nosso cérebro funciona em determinados padrões, porém, mesmo que busquemos a racionalidade para agir dentro dos padrões esperados, quando agimos, recriamos imagens passadas que evocam sentimentos importantes para tomada das nossas decisões, não nos colocando em risco. Isso mostra que quando criamos o nosso futuro, olhamos para o presente e buscamos as nossas experiências passadas. Essa afirmação é tão verdadeira que podemos entendê-la de forma simples: assim como a razão nos ajuda a guiar nossas atitudes e os sentimentos nos ajudam a encontrar um equilíbrio entre focar nos resultados e nos manter seguros e valiosos, os processos internos não podem ser ignorados, pois é a parte integrante de nossas ações.

Vamos entender um pouco sobre essa tríade que nosso cérebro utiliza, começando pela percepção do nosso passado. Nós carregamos muitos sentimentos, pensamentos e emoções, sejam eles positivos ou negativos, e que por muitas vezes utilizamos desses artifícios para nos proteger, porém, não dosamos a quantidade correta desse uso e por isso muitas vezes nós estagnamos ou procrastinamos. Aprender a dosagem certa e o momento certo para utilizarmos desses sentimentos, pensamentos e emoções, fazem com que o nosso passado não vire um peso, algo que nunca queremos voltar e relembrar, mas sim, aprendemos como esse passado foi bom, pois tivemos a oportunidade de absorver muitos conhecimentos e aprendizados, podendo fazer uso do mesmo para o nosso crescimento atual.

Quando compreendemos que o nosso passado foi o nosso melhor professor, conseguimos seguir com a tríade do cérebro, a criação de imagens para o nosso futuro. Falar de futuro, para muitas pessoas pode ser frustrante, pois juntamente com a palavra futuro nós podemos agregar a palavra mudança. São essas mudanças que nos levam a plenitude da vida e são essas mudanças, grandes e pequenas, necessárias e decisivas, que gradualmente nos guiam na jornada da vida para o sucesso. Sem elas, simplesmente representamos uma existência ditada pelo conformismo, modismo ou até mesmo os freios internos que constrangem muitas pessoas sem que elas mesmas saibam.

Quando o assunto é mudança, a primeira coisa que vem à mente é a questão superficial do mudar, ou seja, o tipo de mudança que os outros percebem em você e não o tipo de mudança que você percebe sobre si mesmo, como por exemplo: mudar de emprego, mudar de casa, mudar o guarda-roupa, mudar o corte de cabelo, mudar de bairro, cidade, estado ou até mesmo de país. A maior parte do que as pessoas fazem hoje em dia tem a ver com as mudanças externas, superficialidade, mas que não conseguem preencher o vazio que há dentro delas.

A grande diferença na vida das pessoas que são bem-sucedidas em todas as áreas é que elas sabem que a mudança é necessária e que é preciso primeiro entender por que, para quê, como, quando e o que precisa mudar. Essas pessoas, das quais me refiro e nas quais espero fervorosamente que você se torne uma, entendem que a necessidade da mudança é interna. Se eu decidir mudar, e entender porquê quero mudar, isso me levará onde está o verdadeiro sucesso, propiciando um novo rumo e conquistando novos patamares em minha vida. Desta forma, é preciso entender que as mudanças ocorrem, principalmente e primeiramente, de dentro para fora.

Após aprender com nosso passado e utilizarmos desse aprendizado para criarmos forças visando um novo futuro, dispostos a novas mudanças, novas atitudes e novas ações, nós chegamos à última tríade do cérebro que é a flexibilidade do momento presente. Muitas vezes é desafiador viver o nosso presente, porque talvez algo no passado ainda não foi resolvido ou aprendido, impedindo-nos de visualizarmos nosso futuro.

Pessoas que apresentam sintomas de depressão, são pessoas que vivem muito no seu passado, pensando que "se" tivesse feito daquele jeito, "se" tivesse abraçado fulano, "se" tivesse conversado e não brigado com tal pessoa as coisas seriam diferentes. Pessoas que apresentam sintomas de ansiedade são pessoas que vivem no futuro, pensando "quando" eu tiver aquela casa, "quando" eu for feliz, "quando" eu mudar de emprego, "quando" eu casar as coisas serão diferentes. Entenda que viver no aqui e agora, é saber que o passado não muda mais, mas que nós trazemos vários aprendizados com ele, e sabemos que o futuro só será possível se eu tiver coragem e atitudes reais sendo colocadas em prática no presente momento, aí então ele irá se concretizar.

Para entendermos melhor sobre presente, é preciso entender: quem é você? Eita, perguntinha difícil hein, Alinne? Pois é, há uns bons anos eu também não sabia quem eu era, até passar por um relacionamento abusivo, que durou 8 anos, e se não fosse a vontade de querer me conhecer, voltar a ser quem eu era, muito provável eu ainda estaria naquele relacionamento e não estaria aqui contando essa história para vocês. Sim, foram anos difíceis, brilhos meus que foram apagados, ideias e sonhos que foram enterrados. Foram muitas noites de choro, de silêncio profundo, mas no fundo eu sabia que ainda queimava e brilhava aquela Alinne sonhadora. E por incrível que pareça, hoje eu compreendo que viver aquele relacionamento abusivo me trouxe muitos aprendizados e amadurecimento, para me tornar quem eu sou hoje. Sair de um relacionamento abusivo não é fácil, principalmente quando o psicológico está abalado, por isso valorizem a importância da consciência do seu passado e o desejo de criar o seu futuro.

Essa tríade não anda separadamente, é impossível, porque se eu ficar pensando somente no passado eu não vivo o meu presente e nem o meu futuro. Se eu fico pensando apenas no meu futuro eu também não vivo o meu presente. Mas quando eu tenho clareza do meu passado e crio o meu futuro, o presente acontece.

Assumir o compromisso com você mesmo, com seus objetivos, seus valores, seus talentos e acolher as experiências consideradas negativas do passado, é fundamental para um presente e um futuro mais saudáveis. Compreender os motivos que me levaram a tal caminho, me perdoar pelas minhas falhas e ser grata pelas experiências que me ajudaram a evoluir foi a melhor maneira de buscar o meu próximo nível. E lembre-se sempre que a sua evolução é o seu maior e melhor compromisso.

Voltando então à pergunta "quem é você?". A melhor sacada que eu tive, e confesso que levou anos para cair minha ficha, é que ninguém pode te ensinar sobre quem é você, a não ser você mesma. Pode parecer óbvio, mas muitas vezes nós buscamos o nosso próprio "eu" externamente e superficialmente e é aí que nós falhamos, porque compreender sobre quem nós somos é uma busca interior, que leva tempo. É compreender que somos únicos, não existe no mundo, nem no planeta, alguém igual a você e isso é a perfeição e a resposta para tudo. Imagina se todos nós fôssemos exatamente iguais! Não teria nenhuma emoção, nenhuma conquista, nada, porque todo mundo faria a mesma coisa sempre.

Então, ser diferente, ser único já é o primeiro passo para entendermos quem nós somos. E foi refazendo essa pergunta "quem sou eu?", várias e várias vezes, que eu decidi estudar e me especializar em Liderança. Porque se nós não aprendermos a liderar a nossa própria vida, nossas emoções, atitudes, sentimentos e pensamentos, quem irá liderá-la? Se nós não sabemos quem nós somos, então qualquer coisa serve. Por isso, eu pergunto a você: Por que devemos aprender a nos liderar?

Como muitos já devem saber, a chave que abre muitas portas para o sucesso chama-se autoconhecimento. Sócrates já dizia: "Conhece-te a ti mesmo e conhecerás o universo" e José Roberto Marques: "Quanto mais eu me conheço, mais eu me curo, mais me potencializo e sou capaz de gerar resultados extraordinários". Compreender e buscar conhecer a si próprio é saber que você não vai se sabotar, viverá a sua melhor versão e não irá bloquear o seu potencial. Aprender a se liderar é aprender sobre os seus valores, que o direcionam a se relacionar melhor com quem está ao seu redor, além de analisar criteriosamente suas atitudes e resultados obtidos, deixando de ser "escravo" dos pensamentos alheios e eliminando o sentimento de culpa.

De nada adianta você estar comprometido a mudar, se você não acredita que é capaz de efetuar essa mudança. Mas para você acreditar, é preciso se conhecer e quando se conhecer vai aprender a se liderar. A percepção que temos sobre nós nos condiciona a entender que nossas experiências geram aprendizados e é exatamente aí que residem as possibilidades de mudanças. A experiência de viver diversos momentos nos ajuda a enfrentar momentos desafiadores. Quando entendemos quem nos tornamos, depois de vencermos os nossos desafios, mudamos significativamente nossa maneira de assumirmos e vencermos situações ainda mais complexas.

Mais importante ainda, seja honesto consigo mesmo quando enfrentar a possibilidade de alcançar voos mais altos. Isso o tornará melhor, pois todos nós podemos enfrentar situações e desafios através das nossas atitudes, ações e coragem. Foi a partir desses momentos desafiadores, em um dia reflexivo, que me veio uma frase em mente: "Você escolhe: ficar parado enquanto o tempo anda ou andar junto com o tempo". O tempo é o nosso melhor aliado, porque o tempo que já passou nos traz aprendizados, o tempo que desejamos chegar, nos traz sonhos, e o tempo que temos agora é uma dádiva, porque é através do presente que conquistamos o amanhã.

Você escolhe: ficar parado enquanto o tempo anda ou andar junto com o tempo.

Alinne Moure

ANDRÉA RODRIGUES 03

Muito prazer, eu sou Andréa Rodrigues, filha mais velha de Sr. Maurisio e D. Conceição, irmã da Viviane, Paula e Bruno. Sou casada com Andsson, e mãe do Alexandre, meu grande orgulho!

Sou pedagoga, com especializações em Psicologia Organizacional e do Trabalho, Direito Trabalhista e Previdenciário, além de Analista Comportamental. Sou empreendedora e estou à frente da Rodrigues Assessoria há 10 anos, uma empresa de Recrutamento e Seleção e Treinamento.

@assessoriarodrigues
(81)98877.8622
andrea@rodriguesassessoria.com

COM A CARA E A CORAGEM

Por Andréa Rodrigues

Nasci em Recife, Pernambuco, no ano de 1972, filha de um mecânico industrial e de uma dona de casa e empreendedora por natureza. Minha mãe fazia lindos bolos de noiva e vendia roupas, para complementar a renda da nossa família.

Eu observava de perto todo esforço dela e acho que ali, naquela época, a semente do empreendedorismo começou a germinar em mim. Não tenho dúvidas que herdei de minha mãe o meu lado empreendedor.

Aos 10 anos, meu pai recebeu uma proposta para trabalhar em uma usina de açúcar, fomos então morar no interior do estado, zona rural do município de Vicência, distante uns 100 km do Recife. Mesmo saindo da capital, onde teríamos melhores condições de estudo, minha mãe - apesar de não ter nenhuma formação acadêmica - sempre colocou nossos estudos em primeiro lugar: "Não temos posses, a educação é a herança que eu e seu pai podemos deixar para vocês", essa era uma frase que ela repetia, com muita frequência, para mim e meus irmãos.

Com muito esforço e sempre pensando em nosso futuro, meus pais puseram os 4 filhos em um colégio particular e religioso, localizado em uma cidade vizinha, onde íamos todos os dias de ônibus. É... Aprendemos, desde sempre, que para termos o que queríamos, precisávamos nos esforçar!

Após concluir o Ensino Médio, meu sonho era cursar Psicologia, mas quis o destino que eu passasse em Pedagogia, na Universidade de Pernambuco (UPE), ou seja, passei na minha segunda opção. No primeiro momento, fiquei triste por não realizar meu grande sonho de cursar Psicologia. Mesmo sendo jovem, eu nunca fui de ficar me lamentando pelo que não conquistei, e sim, ficava feliz pelo que tinha. Rapidamente, tentei olhar para o curso de Pedagogia de uma forma mais ampla. Eu sempre fui apaixonada por pessoas, o meu sonho era contribuir com o desenvolvimento de quem estava a minha volta de alguma forma, pouco a pouco fui percebendo que fazer Pedagogia não me distanciava do meu sonho, apenas me direcionou por um novo caminho.

O campus da universidade era em Nazaré da Mata/PE, a mesma cidade onde fiz o meu Ensino Médio. Estudar lá foi extremamente positivo, não precisei sair da casa dos meus pais e logo consegui uma oportunidade de trabalho, onde conciliava com o estudo. A oportunidade de trabalhar e estudar me gerou um amadurecimento pessoal e profissional muito cedo. Então, aos 19 anos, consegui o meu primeiro emprego na mesma usina em que meu pai trabalhava, foi no setor de Departamento Pessoal, onde prestava atendimento a trabalhadores rurais. Foi a partir daí que comecei a entrar no universo da gestão de pessoas. Percebi desde o início, que cuidar de gente era realmente a minha paixão!

Trabalhei por 8 anos na usina, onde pude conhecer na prática, em contato direto com pessoas muito simples e também com a alta gestão (vale ressaltar que atuei por mais de um ano como secretaria dos diretores da usina), quais eram os principais desafios e oportunidades que essa área proporcionava. O maior deles era mostrar que empresas são feitas por pessoas que precisam ser cuidadas de maneira singular. Que os colaboradores não são apenas um número, por traz de cada colaborador existe uma história que precisa ser considerada.

Trabalhando com esses colaboradores da indústria e do campo, eu conseguia perceber a importância de ter pessoas certas nos lugares certos, para que a produtividade desejada e necessária fosse alcançada. Ficou muito claro, já naquela época, a necessidade de treinar e desenvolver - de forma contínua - os colaboradores. Sem falar na necessidade de fortalecer uma cultura com base no respeito.

Conheci meu esposo em um campeonato de futebol de salão, organizado pela usina. Ele não trabalhava lá, mas era convidado para compor o time na posição de goleiro; na época, falavam que ele era um dos melhores da região. Pouco tempo depois, ele veio trabalhar conosco. Quando iniciamos o namoro, eu tinha 17 anos, era bem jovem; ficamos namorando por mais de 8 anos e em janeiro de 1998, nos casamos. Naquele momento, meu esposo já estava trabalhando em Recife e eu na usina, então pedi transferência para o escritório central e voltei a morar em Recife, onde tive algumas experiências profissionais em outros segmentos e alcancei, relativamente, uma maturidade profissional.

Em 2000, sem que eu tivesse planejado, descobri que estava grávida, um momento de muita felicidade para mim e meu esposo e para toda família. Graças a Deus tive uma gestação tranquila e consegui trabalhar normalmente durante todo o período. O grande desafio aconteceu após o nascimento do meu filho. Apesar de termos tudo muito organizado, inclusive com uma pessoa para tomar conta dele, tendo em vista que minha ideia era continuar trabalhando, os planos não aconteceram conforme o planejado.

Com 1 ano, meu filho precisou morar com os meus pais para que eu continuasse minha jornada profissional, porque a pessoa que contratei para cuidar dele enquanto eu trabalhava, infelizmente não deu certo; tentei outras pessoas, mas não tive êxito. Diante da dificuldade de conciliar trabalho, casa e cuidar do meu filho, eu e meu esposo decidimos que ele ia passar um tempo com os avós. A ideia era ele passar um tempo, porém o destino quis diferente; ele cresceu sendo muito bem cuidado, educado e muito amado pelos meus pais, a eles a minha eterna gratidão. E eu trabalhava sempre pensado em proporcionar o melhor para mim e para o meu filho.

Nunca deixei de buscar novos conhecimentos e me desafiar em minhas atividades. Busquei especializações importantes para minha carreira. Cursei pós-graduação em Psicologia Organizacional e do Trabalho, Direito Trabalhista e Previdenciário. Mesmo trabalhando em uma grande empresa em uma posição de gestão, sentia o desejo de me lançar a novos desafios.

Meu sonho era trabalhar por conta própria, contribuir com várias empresas e profissionais usando o meu conhecimento. Esse era meu grande sonho! Sonho que, no início, sonhei sozinha...As pessoas achavam que, pelo fato de não ter um nome conhecido no mercado de Recife e não ter recurso para estruturar um escritório, eu teria poucas chances de sucesso. E foi com essa vontade crescente, que em setembro de 2008, inquieta e com atitude empreendedora, resolvi dar o que posso chamar de "o grande salto" da minha vida.

Inteligência emocional e humildade para lidar com os insucessos, erros e decepções, sempre foram diferencial em minha jornada. Fé em Deus, perseverança e gratidão, esses pilares norteiam minha a caminhada.

Com "a cara e a coragem", pedi demissão e comecei a trabalhar como autônoma, prestando serviço de assessoria técnica em um departamento pessoal. Como não tinha demandas para preencher todos os meus horários, eu trabalhava como assistente em uma consultoria de gestão, a Kiva Consultoria. Trabalhar com Ivanildo Lima me gerou muito conhecimento e também oportunidades. Nessa época, também fui assistente do engenheiro Marcos Aurélio, que era responsável por uma consultoria em segurança do trabalho e medicina ocupacional.

O meu foco com esses trabalhos era, em primeiro lugar, conhecer novas realidades (os consultores atuavam em vários segmentos), aprender sobre o universo da prestação de serviço e, claro, gerar renda. Em seguida, me formalizei como MEI e comecei a fazer também o serviço de recrutamento e seleção. Subindo mais um degrau profissional e pessoal, em janeiro 2013 nasceu a Rodrigues Assessoria.

Lembro como se fosse hoje o meu primeiro cliente e honorário: Paraíso dos Bordados, onde recebi um cheque de R$350,00. Eu havia sido indicada pelo advogado Ricardo Varjal a quem serei sempre grata pela confiança depositada em meu trabalho, em um momento que foi tão decisivo na minha vida profissional e pessoal. O tempo foi passando, um cliente me apresentava a outro cliente, fui galgando novos espaços e montado minha rede de relacionamentos. Me tornei analista comportamental desejando entender sempre mais sobre o comportamento humano.

Como disse antes, a Rodrigues Assessoria era um sonho que sonhei sozinha, mas com o tempo, esse sonho, tomou forma e se tornou realidade. Pouco a pouco, o negócio começou a crescer, um cliente nos indicava para outro cliente. Sozinha já não conseguia mais atender às demandas, era chegada a hora de dar oportunidade a outros profissionais.

A empresa teve o seu primeiro endereço em uma pequena sala no centro do Recife. Após 3 anos, fomos para uma nova sede, com uma estrutura diferenciada, pois a equipe já era maior e, naturalmente, tínhamos outras necessidades. Os anos se passaram, sempre com altos e baixos.

Quando tudo parecia bem, veio a pandemia da Covid 19...mais uma vez se fez necessária uma nova mudança de endereço. Apesar de toda turbulência, sobrevivemos aos 2 anos de pandemia, passamos por momentos difíceis, mas conseguimos manter todos os nossos clientes e seguir em frente.

Hoje trabalho com uma equipe de 6 colaboradores, alguns parceiros e uma carteira de mais de 50 clientes de vários segmentos na capital, no interior de Pernambuco e nos estados vizinhos da Paraíba e Alagoas. Muitos desses clientes me acompanham desde o início, como é o caso de Ivson Barbosa.

Não tenho como expressar a minha gratidão a todos meus clientes e a todos que fazem parte direta ou indiretamente dessa empresa. Certamente, sem o apoio de todos que por aqui passaram e aqui estão, eu não teria chegado aonde cheguei.

O propósito da Rodrigues é contribuir cada vez mais com o crescimento das organizações, através de uma boa gestão de pessoas. Trabalhar sempre de forma singular, adaptando-se à realidade de cada cliente, bem como suas particularidades é o nosso grande diferencial. A meta é nos tornarmos uma referência em no nosso estado. E por que não no Brasil? Afinal, o céu é o limite!

Eu comecei sonhando sozinha, mas com o tempo, trouxe outras pessoas para sonharem e realizarem junto comigo. O segredo é olhar além.

Andréa Rodrigues

ANDRÉIA SANTOS

04

Mulher, esposa, mãe, determinada, persistente, imparável, corajosa, inspiradora e alegre. Superou com autoconhecimento e inteligência emocional a dependência emocional e uma depressão grave que levou a desencadear várias tentativas de suicídio.

Descobriu que os ciclos se repetem e após isso, decidiu investir no seu desenvolvimento pessoal.

Descobriu sua missão de vida se tornando terapeuta, escritora e palestrante.

@andreiaterapiadaalegria
Andréia Santos
(19) 99911-9456

AMAR PARA AMAR

Por Andréia Santos

O que você quer?

Vou contar um pouquinho da minha história para vocês entenderem como os ciclos se repetem e como é possível tornar nossas fraquezas em forças a partir do autoconhecimento e da inteligência emocional.

Nascida em Itapetininga, interior de São Paulo, filha de pai alcoólatra e de mãe com dependência emocional, aos seis meses fiquei entre a vida e a morte pela primeira vez. Com uma pneumonia dupla, fiquei trinta dias internada para que pudesse sobreviver.

Cresci e aos 4 anos de idade me lembro do sentimento de tristeza e rejeição que invadia o meu peito, eu chorava muito porque o meu pai foi mandado embora de casa por causa do alcoolismo que sofria há 10 anos. Quando eu tinha 5 anos, minha mãe decidiu se casar novamente e eu não me conformava com aquela situação, sentia muita raiva. Minha mãe se separou do meu pai por causa da bebida. E imagine como era meu padrasto? Exatamente igual ao meu pai.

Após alguns meses, tive um encontro com o medo pois o meu padrasto ficava violento quando bebia e, como eu havia me tornado uma criança difícil e rebelde, eu apanhava muito dele e da minha mãe. Na minha primeira infância também sofri alguns tipos de abusos sexuais, físicos e emocionais; foi quando aprendi a guardar segredos.

Aos onze anos surgiu um emprego e fui trabalhar. Lembro-me de um dia em que a minha mãe me levou ao médico porque eu fazia xixi na cama, e ele disse que me desse alguns remédios e se, caso eu não parasse, era por "sem-vergonhice". Então, a minha mãe me fazia passar vergonha colocando meu colchão na rua para que os meus coleguinhas vissem, gerando com isso profundas crenças limitantes em mim.

Eu sofria bullying na escola e hoje sei que adquirimos muitos bloqueios emocionais através de fortes impactos causados por situações como essa. Me recordo de uma primavera em que fui escalada para ser a margarida na peça de teatro da escola. Com a simplicidade de uma criança, eu me apresentei e durante a dinâmica ergui a minha perna, logo em seguida os risos e gargalhadas começaram, os alunos da escola me apontavam o dedo e riam dizendo: "Olha a calcinha dela, tá furada." Pode parecer besteira pra você, mas esse trauma me causou bloqueios emocionais e medo de falar em público por anos.

Lembra que os ciclos se repetem?

Igualzinho a minha mãe, fiquei grávida ainda com treze anos e voltei pra casa dela. Aos quatorze conheci um homem quinze anos mais velho do que eu, e decidi ir embora com ele levando meu filho para bem longe, na esperança de um lar saudável. Imagina como era meu marido? Ele também era alcoólatra. Tive quatro filhos com ele e sofri um aborto. Com muita instabilidade emocional, passei a ser dependente emocional e tinha muito ciúmes dele. Brigávamos muito por causa da bebida.

A tragédia

No ano de 1999, numa segunda-feira pela manhã, recebi a notícia da tragédia. O meu pai havia sido atropelado por um ônibus e veio a falecer; passei a me culpar, pois por causa da raiva e do sentimento de rejeição, fiquei um ano e meio dando desculpas que não tinha condições para ir visitá-lo. Porém, quando eu dei um jeito, já era tarde demais.

Dependência emocional

Eu vivi por anos em um casamento desestruturado e com dependência emocional, mas não me separava. Um dia, assim como aconteceu com a minha mãe, após 10 anos que tinha me casado, me separei e em 2003 voltei com três filhos para a casa da minha mãe, em Itapetininga/SP. As brigas com meu padrasto eram constantes e embora a falta de dinheiro para pôr comida na mesa fosse real, fiquei firme e não voltei mais com meu marido.

O vale escuro

Por sete anos fiquei no fundo do poço e passei pelo vale escuro, até que em 2010 consegui emprego em um açougue e em meados de agosto precisei fazer uma mudança de casa. Com poucos recursos, minha mãe pediu para um conhecido fazer um "precinho legal". Era o "cara da Kombi" (vou chamá-lo assim), que ela havia conhecido no restaurante em que trabalhava. Prontamente ele atendeu o pedido da minha mãe e assim ela me apresentou a ele. Um homem muito gentil, educado, cheiroso, prestativo, entre outros atributos (risos). Eu logo quis aquele homem para mim, pois eu não conseguia ficar sozinha e ele me tratava muito bem, fazia tudo para me agradar, me elogiava, fazia eu me sentir amada. Tínhamos os mesmos gostos, mesmos hobbies e, como dizem, "o santo bateu". Começamos a namorar.

O Sonho

Não demorou e o cara da kombi me deu um ultimato: "Eu estou indo embora para Santa Bárbara d'Oeste e se você não for, não nos veremos mais". Nem pisquei, me levantei, avisei para as crianças que ia viajar, arrumar a casa pra eles e logo voltaria para buscá-los. E assim fizemos no mês seguinte.

A Nova História

Com as crianças juntos de mim, eu e o cara da kombi passamos a conviver e ao longo do tempo, adivinha o que aconteceu?

Sem inteligência emocional, com traumas, bloqueios emocionais e de escassez, passamos a viver um inferno. Eu me tornei uma alcoólatra, meu marido também e os ciúmes, as humilhações, as memórias começaram a fazer parte da nossa história. Com o alcoolismo e a dependência emocional, nossa vida virou um inferno. Eu me sentia desvalorizada, frustrada, mal-amada, triste e mesmo assim não conseguia me separar.

O desespero, a culpa

Com tantos sentimentos ruins, rompantes de raiva, me disseram para ir ao médico, porque eu podia estar com depressão. Comecei a tomar remédios tarja preta, fui para igreja, mas os problemas continuavam. Eu não tinha dado importância para o meu lado emocional até que, em 2013, com uma depressão grave, problemas mentais e alcoólatra, lembro-me que acordei em um hospital. Eu estava ensanguentada, ralada, com o braço latejando de dor; meu braço havia partido no meio.

Sem condições financeiras, voltei a trabalhar 6 meses depois. Após três anos, por causa do esforço, a haste que segurava o meu braço quebrou. Fiz mais quatro cirurgias por causa do mesmo problema. Até hoje, o braço está quebrado ao meio, com um ferro de apoio e perdi os movimentos do nervo radial. No fundo do poço duas vezes, eu não merecia mais viver, era o que eu pensava, e algumas vezes até procurava culpar alguém pelo que estava passando.

Um certo dia, já tarde da noite, o cara da kombi e eu estávamos brigando novamente e num surto de raiva decidi ir embora. Chorando, comecei a pegar os meus pertences e com um misto de ódio, tristeza e sentimentos destrutivos eu pensava, "vou bater o carro em alta velocidade e assim eu acabo com tudo isso de uma vez", mas ao mesmo tempo eu pensava: "e meus filhos, o que vão dizer?" E esses pensamentos me faziam pensar, "se um dia meus filhos passarem por desafios e copiarem esse comportamento?"

E foi assim, em meio a essas situações, que de repente, eu encontrei na minha estante uma apostila com o nome de um treinador de vendas, fiquei curiosa por onde andava o treinador. Desviando meu foco, eu passei a procurá-lo e o encontrei na internet fazendo seminários de inteligência emocional. Assisti a alguns depoimentos, algumas dicas de como mudar comportamentos, dicas de livros e passei a aplicar o que aprendia. Não basta só adquirir conhecimento. Mudei o meu foco e comecei a adquirir compreensão sobre os meus comportamentos.

O que você quer?

A chave virou quando ouvi a frase: "A mudança que você quer está no preço que você não paga. Se você acreditar que pode, será o que você acredita." Com essas frases gravadas na minha mente, me inscrevi para a imersão de inteligência emocional.

Através do autoconhecimento, pude entender que os ciclos se repetem se você não identificar qual é a sua programação mental, suas crenças, seus valores. Você precisa saber o que realmente você quer, se não, você não sai do looping. E assim, com autoconhecimento e desenvolvendo a inteligência emocional, descobri a minha identidade, quais eram as minhas fraquezas e minhas forças, aprendi a quebrar os ciclos. Mergulhei fundo no desenvolvimento pessoal para curar os traumas emocionais, me libertar das dependências, curei minhas feridas. Estou casada com o Alex há doze anos é adivinhem só, ele é o cara da Kombi.

Hoje vivemos um relacionamento saudável, respeitando um ao outro, suas crenças, seus valores, buscando juntos evoluir constantemente. Eu, com meu papel feminino e ele, no seu papel masculino. Olhando um para o outro e perguntando: "O que você quer?"

Autoconhecimento

Com autoconhecimento e inteligência emocional aprendi a quebrar ciclos, aprendi que a cura para todos as dores está no amor próprio, aprendi a amar as pessoas como elas são, a honrar meus pais e todos que vieram antes de mim e os que ainda virão. Desenvolvi a minha autorresponsabilidade e decidi ser a escritora da minha própria história. Aprendi a me olhar com a importância que tenho para DEUS, EU SOU PROJETO DELE. Aprendi a respeitar a minha história, aprendi que é preciso se perdoar, para perdoar.

Aprendi a ser grata por tudo, grata pelos erros e fracassos que me empurraram até aqui.

Hoje, por decisão de ser 1% melhor todos os dias e, depois de ter feito vários treinamentos para me autoconhecer, curar as minhas feridas e me libertar da dependência emocional; me tornei a Terapeuta da Alegria!

Após fazer o treinamento da Tathiane Deândhela, realizei meu grande sonho de ser palestrante de inteligência emocional e escritora, para inspirar e gerar transformações nas pessoas com o Método Amor para Amar, para ajudá-las a curarem suas feridas como eu curei as minhas e se libertar da dependência emocional como eu me libertei.

Você já se perguntou o que você realmente quer? Ficar onde está ou escrever uma nova história? Basta dar o primeiro passo para ser a protagonista da sua própria história.

O que você quer é o que o Universo vai te dar.

Andréia Santos

ANTONIA DUARTE

05

Sou Antonia Duarte, filha de José Firmino da Costa (in memoriam) e Luzia Duarte (in memoriam), esposa de José Maria Nunes, nascida em Chã Preta, município de Alagoas.

Professora, formada em Biologia pela FFPA/AL, especialista em Metodologia do Ensino e Pesquisa em Biologia pela Faculdade de Ciências e Letras Plinio Augusto, em Amparo/SP.

Sou bacharela em Direito pela UNIRB/AL e pós-graduada em Direito Previdenciário pela FACEAT/SP.

Sou formada em Professional Coach pela IAPERFORMA/SP e participei na formação do curso Gestão das Emoções - IBC/SP. Palestrante formada pelo Instituto Deândhella.

Sou criadora da mentoria Relacionamento 50+ Feliz e do Método ADT - Acreditar, Decidir e Transformar.

@antoniaduartementora
(82) 99377-8686
antonia58duarte@gmail.com

TUDO COMEÇA COM O SEU ACREDITAR

Por Antonia Duarte

Caro leitor, você acredita em seu potencial? Quanto a mim, eu acredito primeiramente em um Deus que tudo pode e que por ter esse poder, nos fez a Sua imagem e semelhança e nos amou primeiro. Porém, digo que se eu não tivesse acreditado em meu potencial, não estaria aqui compartilhando com vocês um pouco da minha história.

Segundo a psicologia, acreditar em si mesmo não é uma questão de orgulho, mas sim, de dignidade pessoal. Isso nos traz um alerta de que precisamos confiar diariamente em nossas decisões, deixando de lado o medo de errar, para que assim, possamos levantar-nos sempre que for necessário, pois acreditar em nós mesmos é um forte sinal de que temos esse amor próprio e que somos merecedores de algo melhor na vida.

Partindo desse princípio, eu, Antonia Duarte da Costa, filha primogênita de uma família de 7 filhos, de pais humildes, não letrados e agricultores, decidi compartilhar um pouco da minha história com você. O meu propósito é de lhe mostrar que, quando acreditamos em nossos sonhos e aproveitamos as oportunidades que surgem em nossa vida, tudo pode acontecer, mesmo que isso nos pareça improvável diante das circunstâncias que nos são apresentadas durante a caminhada em busca dos nossos objetivos.

Nasci em um ambiente humilde da zona rural do município de Chã Preta /AL, no ano de 1959, lugar de difícil acesso e de muita escassez. Morava numa casa de taipa, não existia energia elétrica e nem estrada para transporte automotor. Porém, nunca faltou o necessário para vivermos dignamente em família.

Comecei a estudar aos 10 anos de idade. Quando meus pais decidiram ir morar na cidade, fiquei muito feliz pois sabia que estudando, eu poderia realizar o sonho de um dia ser professora universitária para poder ajudar os meus pais a saírem daquela escassez que vivíamos. Um aprendizado que levo para a vida, deixado por eles, é que o fato de nascer pobre, não significava dizer que você vai ser impedido de chegar aonde deseja; só que, para isso acontecer, precisamos primeiro acreditar em nosso potencial, decidir e "pôr a mão na massa", como se fala hoje, aí sim, podemos conseguir o que queremos.

Movida por esse pensamento, cresci acreditando que um dia sairia daquele lugar para conhecer outros mundos de possibilidades e assim eu fiz. Busquei estar sempre ao lado de pessoas que pudessem me ajudar a alçar voos mais altos e por isso, consegui aos poucos superar os obstáculos da vida. Aprendi que não basta ter fé e acreditar, precisa-se tomar decisões assertivas, persistir e nunca desistir do sonho, buscar apoio das pessoas, em especial do suporte familiar, porque a família é a base de tudo. Sempre que precisei dos meus pais, eles estavam ao meu lado para me apoiar, construindo assim, uma força que me sustenta até hoje na hora em que tenho que tomar decisões importantes.

Aceitar os desafios que surgem na jornada da vida

O meu sonho sempre foi estudar e conhecer o mundo e para isso acontecer, tive que enfrentar todos os desafios que a vida me ofereceu.

Na caminhada em busca do que queria, me deparei com grandes desafios e o primeiro deles foi quando meus pais resolveram mudar para cidade. Iniciei meus estudos e antes de concluir a 4ª serie primária, meus pais se separaram de um dia para o outro. Para mim, a separação deles foi como um divisor de águas na minha vida, porque até então eu acreditava que o amor era coisa que existia para sempre entre duas pessoas e que eles nunca iam se separar. A pergunta era: "O que vai ser de mim e de meus irmãos?"

De repente, meu pai resolveu voltar a morar na roça e eu vi o meu sonho de continuar os estudos ir de água abaixo. Eu havia esquecido que tinha um pai que também nutria dentro dele a vontade de ver pelo menos uns três filhos formados, então, um dia ele olhou para mim e perguntou: "Filha, você quer mesmo estudar? Saiba que não será nada fácil! Você sabe que a distância de nossa casa até à escola é de 6km e que você vai ter que ir e voltar todos os dias, subindo e descendo ladeiras a pé. Você topa?" Eu disse: sim! Esse foi um dos primeiros desafios que enfrentei em busca do meu sonho, porque naquele momento o que eu podia mesmo era agir. Assim o fiz, porém, em Chã Preta, não tinha como continuar o Ensino Fundamental.

Precisei tomar outra decisão importantíssima na vida, quando tinha 15 anos de idade. Para dar continuidade aos estudos, fui matriculada numa escola pública em Viçosa, cidade vizinha, porém meus pais não tinham como manter meus estudos lá. Mais uma vez senti na pele o que uma pessoa sem condições financeira passa para conseguir algo na vida. Passou-se uma semana e nada de eu ir estudar, foi quando o meu querido e inesquecível pai, que sempre esteve do meu lado, falou para mim que conhecia uma pessoa humilde em Viçosa e que a mesma tinha oferecido sua casa para eu ficar estudando. Fiquei feliz! Porém, mais uma vez, meu pai disse algo muito importante: "Eu preciso ter a certeza se você está disposta a enfrentar qualquer coisa para seguir estudando, sabe por quê? Porque a Dona Helena tem 12 filhos, com você serão 13, com ela e o esposo, serão 15 pessoas morando em uma casa simples que só tem 2 quartos. Você está disposta a encarar mais esse desafio em nome de seu sonho?" No mesmo momento não hesitei e tomei a decisão de ir morar com eles, mesmo sem conhecer ninguém.

Como muito bem expressa Napoleon Hill no seu livro Quem Pensa Enriquece: "Confie em si para tomar decisões, porque quem toma decisões pronta e definitivamente, sabe o que quer, e em geral consegue". Hoje eu acredito que foi por estar baseada nessa fala que eu consegui atingir meu objetivo, pois sempre tive coragem e não temi o que veio à minha frente. Eu tinha certeza do que queria, isto é, o meu foco era seguir rumo ao meu propósito de vida.

Durante o período em que passei na casa da Dona Helena (in memoriam), que era lavadeira de roupa pra fora e o esposo cortador de cana, a vida não era nada fácil, tudo era escasso, então resolvi empreender vendendo Avon, bijuterias e revista Hermes, sem contar que, para manter os meus estudos, tornei-me lavadeira de roupa também. Lavava e passava as roupas com ferro de brasas, hoje ainda tenho marcas de queimaduras no meu corpo das brasas do ferro, porém quando se tem um propósito na vida, enfrenta-se tudo o que vier, de cabeça erguida. Foi o que aconteceu comigo! Nas ruas por onde passei, muitas vezes com a roupa das madames na cabeça, voltei como Professora Universitária, para ministrar aulas.

Tudo que passei para chegar até aqui, me dá segurança de lhe dizer que, quando nós acreditamos em nosso potencial, persistimos, perseveramos e somos constantes, conseguimos realizar nossos objetivos. Foi agindo assim que eu consegui triunfar na vida. E hoje, tornar-me escritora, ter conhecido pessoas como Tatiane Deândhela e ter realizado o curso Vivendo de Palestra, é a prova que posso lhe dar para lhe dizer que você também pode alcançar voos bem mais altos, rumo à sua liberdade de ser você a protagonista de sua própria história.

Nunca será tarde para você acreditar que é possível realizar os seus sonhos e ser feliz

Diante de tantos desafios enfrentados no caminho rumo à minha realização e focada em estudar e trabalhar para garantir a minha qualidade de vida e a dos meus pais, deixei de lado um pouco a minha vida sentimental, não pelo fato de ser enamorada, mas sim, pelo meu propósito. Deixei o tempo passar e quando me dei conta, já estava com mais de 50 anos.

Este momento foi marcado pelo que ouvi das pessoas; uns me diziam que eu não iria casar, pois já estava muito velha e não iria encontrar ninguém que me quisesse. Outros me questionavam: "E você não quer casar?", "Você não gosta de homem?" Enfim, ouvi de tudo um pouco, porém aprendi com tudo isso que nunca é tarde para ser feliz e continuar acreditando que um dia essa pessoa iria chegar, fez com que eu continuasse persistindo e sendo constante, como diz a Tatiane Deândhela, fez com que eu conseguisse encontrar o companheiro da minha vida.

Aprendi na juventude que ter autoconfiança faz com que você acredite que nunca será tarde demais para dar o primeiro passo rumo ao seu sonho de vida. Acreditei e procurei fazer o que era necessário para encontrar o parceiro que me amasse e que juntos pudéssemos continuar a vida, um ao lado do outro, felizes. Hoje sou casada com uma pessoa maravilhosa! Tenho 63 anos e casei com 59, prova de que, enquanto houver vida, haverá possibilidade para alcançarmos o que almejamos.

Você que conheceu um pouco da minha trajetória de vida, gostaria de conhecer o que fiz para conquistar o coração do meu companheiro com quem me casei, mesmo passando dos 50 anos de idade? Pois bem, estou abrindo 5 vagas na minha agenda para quem tiver interesse em fazer uma sessão gratuita e online do Relacionamento 50 + Feliz, e assim conhecer o meu trabalho.

Se fizer sentido pra você, aponte o celular para o QR Code abaixo ou me chame no Instagram @antoniaduartementora. Nos veremos em breve.

Eu tenho sessenta e três anos e casei com cinquenta e nove.

Antonia Duarte

BRUNA GOUVEIA

06

Sou Bruna Gouveia, casada, mãe do Enzo, empreendedora, mentora, terapeuta e me descobri comunicadora e líder de mulheres quando tive a primeira experiência com o resultado de um trabalho de entrega e autoconhecimento. Foi quando percebi que poderia ser uma âncora na vida de pessoas, pois eu sou uma mulher que decidiu triunfar acima das estações.

Nesse capítulo, conto uma parte da minha história através da primeira experiência vivida, memórias que nem sempre foram as melhores, porém, edificaram a mulher realizada que me tornei. Se hoje sou capaz de entender, apoiar e trazer à tona o potencial de autosuperação em outras pessoas é, exatamente, porque um dia eu também precisei trabalhar as minhas forças e crenças para descobrir a minha verdadeira identidade.

@brunagouveiaf_
(24) 98848-0885

ACIMA DAS ESTAÇÕES

Por Bruna Gouveia

Quero te levar a uma história que retrata como ressignifiquei muitas crenças em minha vida.

Você conhece a história de Davi e Golias? Aparentemente, Davi não tinha a menor chance naquele desafio, já que era o menor de seus irmãos e aquele em quem ninguém apostava. Desprezado, rejeitado, o mais improvável. Várias crenças foram instaladas em sua mente devido a esses conflitos, mas isso não o paralisaria, já que Davi carregava uma essência que estava em movimento quando foi escolhido, pois estava cuidando das ovelhas.

O que isso me levou a refletir? Deus não olha as condições que temos ou que estamos inseridos, Ele olha nossa essência, o tesouro que carregamos. O maior gigante ali não era Golias mas sim, tudo aquilo que foi instalado em sua mente. A essência de saber quem ele era foi fundamental para ir contra qualquer circunstância, a questão não era o tamanho do gigante, mas a proporção do que Davi acreditava.

Entre as lições que aprendi com Davi e que quero deixar pra você, é que sua vitória não é estabelecida por sua aparência, ou pelo que falam sobre você! Seu futuro é influenciado por aquilo que se instalou nas memórias, sentimentos e traumas. O segredo da virada está em como você absorve tudo isso.

Em minha vida foram instaladas crenças limitantes que me paralisavam; eu me sentia pequena, inferior, rejeitada, com uma dependência emocional absurda; queria agradar para ser amada, uma vida de total escassez. Com isso, tudo a minha volta se tornava um gigante, um desafio a cada dia, mas dentro de mim, em meu ser, existia algo como um vulcão em erupção que dizia: "Você não nasceu para viver nesse lugar", eu sabia que meu lugar de origem não era o meu lugar de destino!

Um propulsor para virada na minha vida foi a história da minha mãe. Ela foi uma mulher incrível, muito carismática, de enorme influência e uma personalidade muito forte; teve uma vida muito abastada financeiramente, criada por governanta alemã, falava vários idiomas. Enfim, muito inteligente e à frente de sua época. Quando contava suas histórias, era como um filme que se colidia com a realidade que vivíamos. Hoje, vejo que histórias mudam histórias, através de suas vivências e memórias. Minha mãe instalou amor, alegria e união, deixando um grande legado.

Quando nasci já estávamos em uma situação de escassez financeira muito grande. Aquela vida de privilégios não existia mais. Minha mãe soube lidar muito bem com essa situação, me transmitindo muitos aprendizados, pois dentro de mim foram instalados princípios e valores e uma força enorme para vencer qualquer adversidade.

Me lembro que, aos meus 8 anos de idade, não tínhamos onde morar. Um amigo de minha mãe ofereceu sua casa onde não residia há anos. Esta casa ficava dentro de um condomínio em um dos lugares mais nobres do Rio de Janeiro, de frente para o mar. Um sonho! Entretanto, existia um problema, a casa estava abandonada por muito tempo, sem água e sem luz. Dormíamos vendo a lua e as estrelas através daquela janela enorme, ouvindo as ondas do mar batendo sobre as pedras e a luz de lampião iluminava o quarto. Utilizávamos a água da chuva que ficava armazenada em uma linda piscina para tomar banho, lavar louça e até mesmo para beber. Verdadeiramente, era uma época com muitas privações, mas isso nunca nos tirou a alegria e a força de viver.

Eu e meu irmão estudávamos em um colégio estadual próximo ao condomínio e no caminho de volta, parávamos em uma churrascaria famosa para pedirmos algo para comer. Não tínhamos vergonha alguma, pois apesar de estarmos numa estação de escassez, isso não mudava nossa essência, nossos valores e princípios, nem nos impedia de nos adaptarmos àquela estação.

Como Davi, aquilo que ele acreditava era muito mais importante do que o que estava em sua frente, o gigante era um impulso para a manifestação daquilo que ele acreditava. Assim, minhas limitações e desafios, na verdade, eram um longo treinamento, para o que estaria à minha frente. Por isso, quero afirmar que não podemos desprezar nada que tenhamos vivenciado, mas que precisamos aprender a ressignificar para que cada vivência seja como um propulsor que nos projetará para o nosso destino. Não fuja do seu "Golias", seu destino está logo após ele!

Um ciclo que se refletiu muito em outro estágio de minha vida foi o da lagarta. Uma lagarta jamais saberá que um dia vai possuir asas, sair do casulo e voar. Por incrível que pareça, eu já me senti como uma lagarta. Não imaginaria que aquela infância cheia de desafios, mas também de muita felicidade, chegaria ao fim. A estação seguinte, minha adolescência, veio com dores, rejeição, insegurança e um período de ausência de luz. Foi nesse momento que me deparei com uma crise existencial, com uma tristeza e uma forte depressão. Entrei no casulo!

O casulo foi doloroso, mas foi alí que vivi a maior viagem de todas: o encontro comigo mesma. Esse processo foi necessário para um confronto de autoconhecimento e para eu abrir minhas asas e voar. Quando entendi que a essência instalada em mim era mais importante do que tudo aquilo ao meu redor; e que o que me foi imposto pela vida, não era o que verdadeiramente eu nasci para ser; então eu descobri que possuía uma identidade única.

A superação do impossível se torna possível através da cura de sua verdadeira identidade. O sucesso nasce de algo que foi gerado, eu e você somos a evidência de uma gestação bem-sucedida. Para nascer, andar e falar, é necessário um tempo. Lembre-se que o processo gera amadurecimento e projeta você para o seu propósito. Muitas vezes, você vai ter que fazer aquilo que não quer para chegar naquilo que quer! Aqui percebemos uma poderosa ligação entre as estações da vida: em cada estação temos que nos vestir e nos posicionar de uma forma diferente. Levou um tempo para eu sair do casulo, mas isso faz parte do processo, porque se tirarmos a lagarta do casulo antes do tempo, ela morre, pois há um tempo determinado para todas as coisas. Eu vivi o meu processo e lhe desafio a viver o seu!

Através da reflexão e autoconhecimento, descobri minhas fraquezas e habilidades, e ambas eram necessárias para essa nova estação que se apresentava em minha frente.

Como havia falado sobre minha mãe, não deixei claro a sua descendência: ela era neta de um visionário que pensava "fora da caixa", um dos maiores empreendedores do Nordeste brasileiro. Meu bisavô era Delmiro Gouveia, não poderia escrever este capítulo sem deixar de citar esse DNA empreendedor. Essa veia empreendedora foi ativada, um arquétipo que ficou muito notório dentro de mim para me relacionar com as pessoas.

Com o intuito de mudar a nossa condição de vida, eu e meu irmão começamos a vender sanduíche natural. Não tínhamos recursos, mas o que me impulsionava era estar em movimento e foi um sucesso! Comecei a trabalhar em um restaurante como recepcionista e meu irmão como gerente. Nosso DNA empreendedor estava sendo ativado, sempre unidos, um legado deixado pela nossa mãe, até porque tive uma paternidade ausente, fui órfã de pai vivo (mas sobre esse sério assunto de paternidade eu vou falar eu um capítulo do meu outro livro). Enfim, daqueles sanduíches que vendia com meu irmão, me tornei uma empresária, exercendo meu chamado com pessoas na minha área de influência. Surgiu a oportunidade de comprarmos um restaurante muito famoso na cidade.

Nessa estação, eu me sentia como uma águia que nasceu para voar e alçar voos em lugares altos, com o poder de transpor todas as dificuldades, provas e conflitos da vida com uma triunfante disposição. Aprendi que o segredo de uma vida vitoriosa é estar em constante movimento em busca de lugares mais altos. Isso nos leva a traçar estratégias específicas e a andar por visão, assim voam as águias acima das circunstâncias e turbulências.

Os desafios maiores surgem e novas habilidades também. A força se estabelece na visão que te foi dada para estabilizar as tempestades da vida e dos corações daqueles que servimos e que capacitamos para realizarem sonhos.

Aprendi que temos a liberdade para operar em nossos pontos fortes, trazendo um grande equilíbrio e percepções sinergéticas que beneficiam as pessoas. Venha comigo e tenha a clareza que dentro de você tem algo que precisa ser ativado através do seu encontro com a sua essência, com aquilo que você nasceu para ser. A sua existência tem algo muito mais profundo do que aquilo que você viveu, tem a ver com o que você foi chamado para ser nessa geração. Existe uma missão, você sabe qual a sua?

Hoje em dia, as minhas crenças servem para incentivar pessoas a acreditarem na verdade sobre si mesmas. Fortalezas são como muros erguidos onde o engano habita. A mentira procura encontrar residência no seu íntimo e fazê-lo acreditar em falácias. E quando estamos vivendo um comportamento contaminado e enganoso ao nosso respeito, não conseguimos viver uma vida em plenitude, que é a verdade.

Na minha história, passei por estas três estações e tive que superar as minhas crenças limitantes através da história de Davi e Golias, entrar no casulo como a lagarta, aprender no processo da metamorfose, e voar como águia acima de quaisquer circunstâncias, para hoje chegar ao meu destino onde ajudo pessoas a viverem seus processos e a conhecerem sua verdadeira identidade.

Que a minha história sirva para você e te ajude a ressignificar e dar um novo sentido para os acontecimentos da sua jornada. As experiências pelas quais estamos passando faz parte do maravilhoso processo que fez de Davi um rei, da lagarta uma borboleta e da águia uma ave que voa as maiores alturas. O que você carrega é essencial para viver acima das estações. Deus não está preparando algo para você, Ele está te formando para entregar algo que já está preparado!

Está tudo dentro de você!

O que você carrega é essencial para viver acima das estações.

Bruna Gouveia

07 CLAUDIA GOMES

Me chamo Claudia Baptista Gomes, filha de Regina e Charlô e mãe da Gabi.

Sou terapeuta sistêmica, consteladora familiar e empreendedora digital. Honro meu tortuoso caminho percorrido, pois através dele, desenvolvi toda minha resiliência, sensibilidade e empatia para me colocar a serviço do mundo.

Através da filosofia que curou as minhas dores mais profundas: a Constelação Sistêmica Familiar, me tornei uma curadora de mulheres que deixaram de acreditar em si mesmas.

Sou palestrante e coautora de dois livros que serão lançados em 2023, sendo eles "Transformando nós em laços" e "Mulher Sexo Forte".

@constelacaosistemicafamiliar
(21) 99156-6878
www.constelacaosistemicafamiliar.com

LADRA DE PALAVRAS

Por Claudia Gomes

Nasci em 30 de julho de 1968. Meus primeiros 10 anos de vida foram leves como deveriam ser para qualquer criança no mundo. Sempre fui alegre, divertida, brincalhona, que adorava investigar, bisbilhotar, desbravar e amava estar em contato com a natureza, envolta em bichos e me sentindo livre.

Em 1978, eu estava na quarta série primária e tinha recém completado meus 10 anos. Era véspera do Dia dos Pais e meu pai faria uma viagem para visitar nossa fazenda recém-comprada de Mato Grosso. Me lembro, até hoje, o presente que fiz para ele na escola. Uma gravata de papelão, que nunca tive oportunidade de entregar. Naquele fatídico dia, ele não voltou e, nem nos outros que vieram depois. O avião foi dado como desaparecido pelas forças aéreas.

Tenho que confessar a vocês que para uma criança de 10 anos não foi algo fácil de absorver. Levou muito tempo para concordar que ele não tinha desaparecido e sim, que estava morto. Naquele ano, acabei repetindo porque ia para escola, levava um cobertorzinho rosa da minha boneca, deitava em cima dele e chorava a tarde toda.

No ano seguinte, me lembro que quando foi chegando o Dia das Mães, eu queria dar um presente muito especial para minha mãe, só não sabia o quê. Lembro-me de tentar escrever uma carta, mas tudo que eu escrevia achava que não estava à altura e queria que ela me admirasse, sentisse orgulho de mim. Quem sabe assim ela não me abandonasse, já que foi esse o sentimento que desenvolvi pela perda do meu pai.

Me lembro que, folheando uma revista, vi um poema lindo para o Dia das Mães e resolvi copiar e dar para a minha mãe, mas quando entreguei minha cartinha disse a ela que eu é que tinha escrito.

Aguardei o sorriso e a cara de orgulho, mas ela virou-se muito brava e disse: - Fala a verdade, Claudia! Você não escreveu isso!

Eu fiquei tão envergonhada dela ter descoberto, que resolvi sustentar a mentira e só perguntei: - Mas você não gostou? Fiz especialmente para você!

E ela respondeu: - Mentir é muito feio! Você não é capaz de escrever essas palavras. Copiou de quem?

Só me lembro de arrancar a carta dela aos prantos e me trancar no quarto. Não tenho mais memórias sobre esse dia e nem dos outros que vieram depois. Existem partes da minha vida que se apagaram da minha memória, possivelmente joguei para o mais fundo que pude do meu inconsciente, para nunca mais entrar em contato com essa dor.

Se falasse para vocês que esse trauma me impediu de escrever, seria mais uma mentira, mas a partir dali foi instaurado dentro de mim o sentimento de impostora e de não ser criativa. Aposto que a maioria de vocês, nesse momento, se conectou com a minha criança ferida através da sua e está julgando essa mãe pensando: "Que carrasca. Que absurdo! Como uma mãe diz isso para uma filha tão pequena que acabou de perder o pai e está tão frágil!"

Quero agora te fazer um convite! Vamos olhar a história pelo outro lado. Se conecte com a dor dessa mãe que aos 36 anos está viúva, mãe de 3 filhas de 15, 13 e 10 anos, sem dinheiro para pagar as contas e pior, foi criada para ser dona de casa e sequer já tinha trabalhado na vida! Imagina o quanto ela também estava se sentindo ferida.

O sofrimento pode não ser a maneira mais leve de aprender, mas quando tirei o foco de mim, fui aprendendo a sair da minha dor e me conectando com a dor do outro. Tudo tem dois ou mais lados! Precisamos aprender a expandir o nosso olhar, nossa consciência e nos colocarmos como neutros. Sei que é muito difícil porque estamos muito identificados com nossas dores. Mas quando você começa a olhar para cada uma das suas dores e encontra dentro de você um bom lugar para elas, você também ganha força e tem um bom lugar dentro do seu coração para essa mãe ou para qualquer pessoa que você julga. Cada julgamento que você faz sobre algo ou alguém fala mais de você do que do outro.

Meus anos seguintes de escola foram tenebrosos, repeti mais alguns anos, só de raiva, para descontar nela a dor que sentia. Mudei várias vezes de escola. Minha mãe já não sabia mais o que fazer comigo. Chegou a dizer um dia, na mesa de jantar, que ia me colocar num colégio interno. Eu a levava a loucura! Desafiava todos os seus limites! A raiva é uma energia de força poderosa que nos coloca em movimento, mas quando mal canalizada acabamos nos autopunindo ou agredindo o outro.

Desde muito cedo me senti o patinho feio da casa. Só me diziam que por não gostar de estudar eu nunca seria nada na vida! E por muito tempo eu acreditei nisso. Me paralisei! Criei medos que não tinha e me puni diversas vezes. Sempre tive muita dificuldade de responder ou agredir qualquer pessoa, mas permitia que fizessem qualquer coisa comigo sem dizer uma palavra, porque fui ensinada a não retrucar. Aprendi a sofrer calada e fiquei muito boa nisso! Tenho muita dificuldade de pedir ajuda!

Na vida, encontramos espelhos para olhar para todas essas dores, mas como na maioria das vezes, entrar em contato com elas pode ser desafiador demais, criamos máscaras que nos protegem. O intuito delas é não nos deixar exposta a quem está nos ferindo e nos ajudar a sobreviver nesse mundo onde todos estamos feridos cada um com sua própria dor.

Em 2015, quase tive um burnout e finalmente joguei a toalha e pedi ajuda a minha irmã. Ela com toda sua tranquilidade me disse: -Você está precisando de uma leitura de aura!

Nunca tinha ouvido falar nisso, mas marquei uma hora para o dia seguinte. Foi uma das experiências mais lindas que tive na vida. Ali, um mundo novo se abriu para mudar a minha história. Aprendi que criamos diversas máscaras ao longo da vida.

Depois dessa vivência, entrando em contato com o universo da espiritualidade, fui cada vez mais me conectando com minha essência divina. Fui me livrando dessas máscaras que me sustentavam a qualquer preço e abrindo mão de convencer os outros de que eu era aquilo que eles desejavam que eu fosse. Sei que a única coisa que o ser humano almeja é ser amado e se sentir pertencente. Mas, se esse era o preço para garantir que eu seria amada, ele era alto demais!

Foi quando em 2017 conheci a Constelação Familiar, que mudaria minha vida, mas não tão rápido assim. Nada muda de uma hora para outra. Sei que o ser humano está sempre buscando algo que o salve ou que o anestesie de suas dores. Seja o álcool, as drogas e aqui incluo as que vendem em farmácia também! Olhar para dentro e curar suas dores dá muito trabalho. Foi quando descobri que quanto maior o buraco que você acessar, maior será o tamanho do salto capaz de dar!

Em 2020, durante a pandemia, voltei a morar com minha mãe, dessa vez na casa da fazenda. Mesmo com todos esses "traumas" revelados aqui, sempre fui apaixonada por ela e amei convivermos mais uma vez. Foi profundamente curador. A raiva que sempre carreguei, na verdade, apenas encobria uma enorme tristeza que permiti que fosse embora.

Naquele ano, já estava vivendo dos meus atendimentos em Constelação Familiar e Terapia Sistêmica. Foi quando comecei a ter reconhecimento, o que acordou novamente a impostora dentro de mim! Vinham convites para palestrar em congresso, dar aula em cursos, pessoas querendo que eu desse formação. E eu me perguntava quem era para dar palestras em congressos, aulas em cursos. E me retrai novamente!

Até que ano passado, em 2021, uma colega consteladora que eu não conhecia, entrou em contato me convidando para ser coautora de um livro. Achei aquele convite inusitado e logo pensei: "Quem sou eu para escrever um livro?"

Ela me convenceu que amava meus textos no Instagram, que eu escrevia muito bem e que fazia questão que eu participasse. Ela me disse que eu teria seis meses para entregar, então aceitei. Vocês imaginam o que aconteceu?

Acessei aquela criança ferida lá do Dia das Mães, ouvindo aquelas frases, mas que não chegavam claras para mim, apenas o sentimento de impostora que tomou conta mais uma vez.

Um mês antes do prazo acabar, morrendo de vergonha novamente, liguei dizendo que não tinha tempo de escrever porque trabalhava muito, que ela poderia dar minha vaga para outra pessoa e eu assumiria o prejuízo. Aqui quero fazer uma homenagem a Karinne Nacif, coordenadora do livro, que acreditou em mim desde o início e não me deixou desistir! E olha que mesmo ela estendendo o prazo, eu ainda tentei desistir mais duas vezes. Quase sentou comigo para escrever, mas quando faltavam três dias para terminar o terceiro prazo que me deram, eu dei uma bronca na minha criança ferida e disse: "Senta aí nessa cadeira agora e só levanta quando terminar."

Enviei correndo, antes que apagasse tudo e rezei para ela gostar. Demorou dois dias para responder. Podem imaginar tudo que passou na minha cabeça? Eu já estava imaginando-a procurando uma forma de me dizer que tinha ficado um horror. Foi quando, para minha surpresa, ela não só amou como me convidou para fazer parte de um segundo livro!

E aqui estou eu, contando toda essa história nesse terceiro livro como coautora, para dizer que nem tudo que te contam sobre você é verdade! Na maioria das vezes, diz mais sobre o outro do que sobre você mesmo. E para quem ainda possa sentir qualquer julgamento a respeito de alguém mencionado aqui, que me fez desacreditar na minha potência de levar minha voz ao mundo e, ajudar e encorajar as pessoas a fazerem o mesmo, pensem em que ponto essa pessoa te tocou. Onde você se reconheceu? Que dor você tomou para você? Porque isso fala mais de você, do que de qualquer personagem desse livro.

Sou profundamente grata por cada dia da minha vida, da minha história. Viveria tudo novamente, igualzinho como foi!

Gratidão a todos que leram cada palavra escrita nessas páginas, que me permitiram compartilhar minhas dores e vitórias, porque é disso que a vida é feita! Sua história não é feita **do que** aconteceu com você, mas do que você fez **com o que** aconteceu com você!

Fui me livrando dessas máscaras que me sustentavam a qualquer preço e abrindo mão de convencer os outros de que eu era aquilo que eles desejavam que eu fosse.

Claudia Gomes

EDDY VALIENTE

08

Sou Eddy Valiente, de Cuba; um sonhador, alegre, entusiasta. De formação, professor de Arte, mestre em Desenvolvimento Cultural e consultor em vendas de impacto. Organizei eventos e conferências internacionais com a participação de mais de três mil pessoas.

Como empreendedor, especialista em criatividade e palestrante, ajudo as pessoas a ativarem o potencial criativo para resolverem problemas, venderem mais e se tornarem valiosas para o mundo dos negócios, através do método Poder Criativo em Potência (PCP), implementado e testado em mais de 1500 alunos.

Realizo assessorias e atendimentos individuais, grupais e corporativos.

@eddyvaliente_
+1 (201) 878 8857

DESCUBRA A FORÇA DA CRIATIVIDADE EM VOCÊ

Por Eddy Valiente

Olá! Só alegria! Minha amiga, meu amigo, você pode mudar o rumo da vela do barco que rege sua vida em direção ao triunfo, só com uma decisão.

Pois bem, no ano 2017, eu morava em Cuba com minha mãe e meu pai, tinha 29 anos e era funcionário do governo da cidade, mas minha vida estava se tornando monótona; de segunda a sábado a rotina era acordar, trabalhar e dormir. Além disso, não tinha autonomia própria e meus sonhos eram muito maiores como: proporcionar uma vida melhor para meus pais, empreender, ter um carro próprio, viajar e conhecer o mundo, e tudo o que eu estava vivendo, nem remotamente me levava por esse caminho. Eu não achava a saída, nem o futuro que eu queria para mim.

Cuba é um país controverso, de muitas limitações e envolvido em uma ideologia que dificilmente me permitiria conseguir aquilo pelo que eu vibrava. Tudo isso causou em mim um grande estresse que afetou seriamente minha saúde mental e foi aí quando, em uma noite, parei frente ao espelho e perguntei para mim mesmo: *Essa é a vida que eu quero para mim? NÃO!*

Meu pai me ensinou que uma das formas de aprender é correndo riscos e fracassando, então decidi não ter medo do fracasso e mudar o rumo da minha vida, ser o protagonista da minha história. Uma pessoa sempre tem um momento de virada de chave, em diferentes etapas da vida, e o meu foi deitado no chão entre as plantas do meu jardim, em um lugar bem distante da cidade, onde eu só se escutava o barulho do vento, dos pássaros e das árvores, quando de repente veio à minha cabeça a ideia de que meu futuro poderia ser muito melhor fora do meu país, *"Se eu sou bom aqui, porque é que em outro lugar não seria?"*.

O meu maior desafio era ficar longe dos meus pais. Tive que encarar isso! Decidi viajar para a Bolívia, lembrei que meu primo (Loannis) morava naquele lugar, contactamos e ele que me ajudou a organizar o roteiro. Escolhi ir atravessando as fronteiras, pois a passagem de avião estava muito cara para mim naquele momento e era muito difícil solicitar um visto. Vendi tudo o que tinha, arrumei dinheiro emprestado e convidei o Yoe, meu companheiro de vida, para este propósito. Tudo deu certo e começamos a aventura. Já montados no avião, eu senti uma angústia profunda no meu coração, pois não sabia quando voltaria a abraçar meus pais.

Durante a viagem nem tudo foi agradável; moramos um mês na cidade de Georgetown, capital da Guiana, trabalhando para juntar mais dinheiro e continuar viajando. Percebi que era um lugar muito perigoso, senti muito medo e até pensei em voltar para minha casa, desistir de tudo aquilo, mas falei "não!", meu sobrenome é Valiente, voltar seria uma vergonha para mim. Então, me enchi de coragem e continuei.

Na viagem pelo Brasil, conheci uma das grandes maravilhas da Natureza, o Rio Amazonas, que quando criança estudava na escola sobre ele. Viajamos de Manaus para Rondônia de ônibus, o que eu nem imaginava era que a estrada era de terra e nesses dias chovia muito, ou seja, o que seria somente uma viagem se tornaria uma aventura. Lembro-me que em uma das madrugadas, eu estava dormindo e o Yoe veio me acordar porque o ônibus estava atolado na lama. Eram 4h da manhã, muitos mosquitos picando, naquela hora tivemos que empurrar o ônibus, cheios de barro dos pés à cabeça. Lembrei de uma frase do Charles Darwin que diz: "***Não é o mais forte que sobrevive, nem o mais inteligente, e sim o mais adaptável***". O desafio foi esquecer das crenças limitantes e me adaptar ao novo contexto. Aprendi uma grande lição: as crenças vêm de experiências vividas, e os ambientes moldam a nossa forma de pensar e ver o mundo, por isso é necessário adaptar-se às mudanças repentinas que podem marcar seu rumo, mudar a mente rígida para a mente flexível.

Depois de três dias na estrada, chegamos a Guajará Mirim, município de Rondônia, fronteira com a Bolívia, e a poucas horas de chegar ao nosso destino nos foi negado o visto para cruzar a fronteira. Nesse momento, ficamos desorientados e tivemos que ficar no Brasil. Eu me questionei se um dia me tornaria um profissional de sucesso nesse país, o meu barco se encontrava no meio de uma tormenta e era preciso ter força para atravessá-la.

Comecei analisar o contexto em que eu estava e percebi que o que eu buscava estava em outro lugar; mudamos assim para Foz do Iguaçu, no Paraná, onde trabalhei na cozinha de um dos maiores restaurantes da cidade. Depois trabalhei em uma das maiores redes hoteleiras do Paraná, me tornando especialista em vendas. Consegui realizar um dos meus sonhos que foi comprar meu próprio carro e morar num dos melhores bairros da cidade. Minha vida mudou completamente, mas ainda sentia falta de alguma coisa. Parei para pensar no seguinte: o que eu gostava realmente? No que eu era bom? Como eu poderia ajudar as pessoas? E como empreender no Brasil sendo estrangeiro? Tudo isso me fez agir e entender qual era o meu chamado e a importância de respeitar a minha essência de vida.

Chegou março de 2020, não fui demitido, mas seguindo a lógica inversa pedi demissão do meu trabalho aquela época. Na vida não se chega longe sozinho, é necessário ter suporte e, dentre todos os que eu tive, no livro "O milagre da manhã" eu entendi que para mim era mais importante o "ser" do que o "ter". Mergulhei profundamente nos estudos e no desenvolvimento de habilidades, *networking*, participação em eventos, foram muitas horas sem dormir. Tive a inspiração de Tathi Deândhela que me ajudou a redescobrir o quanto é fascinante o universo da educação e do conhecimento, e isso me reconectou com a minha essência, porque realmente amo ensinar e inspirar pessoas.

Para dar esse grande salto e ajustar a vela do meu barco rumo ao sucesso, o mar nem sempre esteve calmo. Apesar de ter encontrado aquilo pelo que eu vibrava, não me livrei da ansiedade, do estresse, fiquei sem dinheiro, perdi o meu carro, não consegui pagar mais aluguel e fomos morar na casa de amigos. Chegou um momento que me autodeclarei com bloqueio criativo, mas com tudo o que já sabia, dei a volta por cima e encontrei a fórmula que eu mesmo tinha vivenciado durante a minha viagem: EUREKA! Tive a ideia de construir um passo a passo para desenvolver o potencial criativo das pessoas, resolvi aplicá-lo em mim e foi quando tudo mudou.

O primeiro que fiz foi estimular a minha imaginação, é um dos poderes mais fortes e úteis que temos. Entendi que com a imaginação podemos criar sucesso ou fracasso, felicidade ou infelicidade, oportunidades ou obstáculos. Utilizando a imaginação consegui criar minha realidade presente e o meu futuro. Os pensamentos são o grande ingrediente desse poder, e quando acrescentei sentimentos e emoções, os pensamentos se tornaram poderosos e influíram de forma positiva a minha realidade. Quando iniciei minha viagem, primeiro visualizei como ela poderia ser, e a magia aconteceu! Pratiquei três ferramentas fundamentais, a visualização criativa, a meditação e a respiração profunda. A isso chamei de ***PODER DA IMAGINAÇÃO CRIATIVA***: Na prática aprenda a controlar seus pensamentos e fazer voar sua imaginação, a chave aqui é pensar sempre positivo e estar aberto a tudo.

"Não há limitações para a mente exceto as que aceitamos."
Napoleon Hill

Um dia fiz uma análise comigo mesmo e percebi que em muitos momentos eu estava sendo sério demais, o estresse não deixava minha alegria fluir, estava passando pela crise (AFD) Adulto Formal Demais, ela tem vários sintomas: seriedade extrema, carrancudo, formalidade excessiva e nada lhe emociona. Meu comportamento me estava afastando da criança que tenho dentro de mim, essa que me traz felicidade, alegria, entusiasmo, estava me tornando adulto demais e isso é bem perigoso porque perdemos essa grande capacidade infantil de brincar e de nos divertir.

Um dos grandes segredos que utilizei na minha caminhada foi andar de mãos dadas com essa criança para estar sempre com a energia elevada, com esse brilho nos olhos, exatamente como elas são. É por isso que ao segundo passo dei o nome de "***PODER DA CRIANÇA INTERIOR***". Minha mais sincera recomendação é que seja curioso, alegre, sorria sempre e seja feliz, mesmo que tenha problemas. Tudo isso trouxe para mim grandes resultados.

Eu gosto de uma frase de Leandro Karnal que diz:

"O Olhar Criativo é o olhar que observa como as coisas funcionam."

Lembrei que quando criança queria entender como tudo funcionava, este poder era insuperável. Um olhar atento traz insights que podem gerar soluções a grandes problemas, inclusive ideias milionárias. É por isso que comecei a treinar minha observação criativa e a estar atento a todas as soluções criativas que aparecem pelo caminho. O interessante desse poder é adquirir referências de outros universos para combiná-las e assim conseguir engrandecer meus resultados na construção do meu sucesso. Um exemplo foi a combinação do universo de palestras com minha formação em artes, fiz dela um grande espetáculo nos palcos! Com esse resultado já fiz palestras e treinamentos internacionais impactando mais de três mil pessoas. Por isso desenvolvi ***O PODER DA OBSERVAÇÃO CRIATIVA***.

Tudo o que mostrei para vocês nestas linhas é o ***Método Poder Criativo em Potência*** **(PCP)** que nasceu de todo o processo que vivi em busca de um sonho, e minha grande felicidade é que muitos alunos já foram transformados aplicando esta metodologia.

Uma mudança acontece só quando pequenos detalhes são ajustados no nosso barco. Para você tornar seu potencial criativo numa verdadeira potência, vai precisar de dedicação, disciplina e da chama interior de querer mudar a realidade que você vive; desenvolva uma alta performance, seja valioso para quem o rodeia e viva uma transformação pessoal, espiritual e financeira, porque se você é criativo, você é justamente o que o mundo precisa.

Aponte sua câmera para o QR Code abaixo para acessar "Os Poderes da Criatividade" e complementar este conteúdo.

O céu é infinito e sua imaginação também, utilize-a incansavelmente.

Eddy Valiente

FABY WEISS

09

Muito mais que títulos e definições, sou uma eterna aprendiz que lê muitos livros, sobre diversos assuntos e ajuda a quem quer ser ajudado. Capto a essência das pessoas de uma forma natural, e consigo mostrar a elas como saírem de uma situação em que não estão felizes, para alcançarem o que elas desejam.

Uma pessoa normal, como você que está lendo esse livro, mas a vontade de ser cada dia melhor do que ontem, me faz parecer fora do comum.

Com esse capítulo, eu quero te mostrar que todos os seres humanos podem ter atitudes admiráveis! Mesmo que para isso, precisemos nos desconstruir, nos redescobrir, para finalmente agir como a nossa essência que sempre nos guiou. Aqui é apenas uma das maneiras!

@fabyweiss
+55 11 99909-3396

VOCÊ PAGA O PREÇO PARA TRIUNFAR?

Por Faby Weiss

Quero começar esse capítulo dizendo que todos nós temos histórias memoráveis, momentos em que decidimos triunfar. Porém o que me difere de você é que hoje você está lendo a minha história, mas isso não quer dizer que você não possa contar a sua para as pessoas a sua volta, ou até mesmo num livro.

Quando eu fui escolher qual história eu iria contar nesse capítulo, me vieram alguns momentos decisivos na minha vida, onde eu tinha que escolher continuar na mesma porcaria que eu estava vivendo, ou me "desconstruir" e me reformar.

Poderia falar de quando eu entrei na faculdade: primeira chamada na USP, na primeira tentativa, no curso de Química, que eu escolhi, e que no dia da matrícula eu chorava dizendo que queria voltar para o colégio. Poderia falar de quando eu abri meu primeiro negócio, aos 23 anos sem a menor experiência, pois foi meu primeiro emprego e meu primeiro empreendimento. Ou então, sobre quando eu perdi meu pai, de forma súbita, e precisei me reinventar, pois ele era meu porto seguro (e da minha mãe). Também poderia falar de quando eu resolvi fazer uma transição de carreira, após 15 anos como professora de inglês para executivos, para me tornar quem sou hoje. Ou ainda, quando a minha mãe teve um câncer, aos 70 anos, e eu decidi largar uma carreira que estava começando, para poder cuidar dela. (A minha mãe está bem hoje).

Mas eu vou falar de uma história onde a decisão foi mais minha, do que da vida – explico – quando nos divorciamos de alguém que ficamos juntos por 11 anos, não é a vida que toma essa decisão, somos nós! E aqui quero mostrar que essa decisão não me fez fracassar e sim, TRIUNFAR.

Quero deixar bem claro que não sou a favor do divórcio por qualquer motivo, mas que se você está num casamento (ou qualquer tipo de relacionamento) que não te faz bem, você deve sim, pensar se não vale a pena terminar esse sofrimento. Eu tenho uma fórmula que funciona muito bem pra mim, não só para o caso do casamento, como para qualquer área da vida: se um dia, eu me olhar no espelho, lá no fundo dos meus olhos, e enxergar uma pessoa que eu não gosto, eu vou entender por que eu cheguei naquele estado – na maioria das vezes as pessoas a sua volta tem algo com isso. Entenda, NINGUÉM transforma você, mas a pessoa que está mais próxima te influência, sim. Aceite a responsabilidade de que você se deixou influenciar por essa pessoa (se assim o foi), e assim você já deu o primeiro passo.

É lógico que não podemos jogar a culpa em cima dessa pessoa, **longe disso**, mas existem atitudes dela que você modela, por não saber qual a sua atitude "original" em relação àquele assunto. No meu caso, uma das atitudes que eu modelei, foi em relação ao controle financeiro: eu sempre fui controlada, a ponto de ter todas as minhas contas no cartão de crédito e nunca ter passado do limite (isso é raro). Quando eu conheci o Pafúncio (claro que esse não é o nome dele), eu vi que ele tinha uma vida tranquila, sem precisar fazer o controle que eu fazia – que pra falar a verdade, eu já não gostava muito de fazer. Então, como ele conseguia gastar menos do que ganhava, não estourar o cartão de crédito e ainda não precisar passar horas anotando as coisas, eu achei que eu poderia viver do mesmo jeito – Só Que Não.

É isso que eu digo em relação à atitude "original" – ele tinha uma vida bem diferente da minha – eu sempre gostei de comprar roupas, ele não; eu tinha um carro para sustentar, ele não; ele não tinha cartão de crédito, eu tinha, entre outras coisas. Então, eu pergunto: eu poderia viver como ele? Jamais. Mas esse não foi o motivo que me levou a querer me divorciar do Pafúncio. Foi algo mais profundo do que isso. Foi uma sucessão de acontecimentos ao longo do tempo.

Não se engane, tivemos momentos bons, ótimos, ruins, de superação, como todo casamento. Mas então, o que me levou a querer o divórcio?

Como eu disse, foi um processo, foram váááários motivos acumulados, mas todos, com o mesmo objetivo em comum, EU DECIDI TRIUNFAR! E aí você pode me perguntar: você não poderia triunfar junto com ele? Claro que eu poderia! Mas o conceito de triunfar para mim, era muito diferente do dele. E aqui é que entra o "pulo do jaguar".

Cada um de nós é formado não só pelos nossos pais (ou cuidadores), mas também pelo ambiente, e também pela nossa personalidade. Explico: meus pais tiveram formações diferentes, e me passaram os valores, conceitos de certo e errado, como viver a vida, do jeito que eles achavam que era o melhor pra mim. O ambiente que vivi – sempre estudei em escolas particulares, entrei na USP, tive uma infância e adolescência confortável financeiramente - me deu algumas visões da vida, dos meus valores, de como eu quero conduzir o meu caminho. Mas, tem um fator que normalmente é esquecido pelas pessoas: a nossa personalidade – aquela particularidade que nos diferencia de todos os outros, e nos torna únicos. Pois se não fôssemos únicos, como explicar irmãos que foram criados pelos mesmos pais e nos mesmos ambientes, serem tão diferentes? E foi por causa desses detalhes que o nosso casamento acabou.

Quando eu perguntei a ele o que significava "sucesso", a resposta dele foi muito diferente da minha. Até aí, ok! Vamos respeitar a diferença. Mas quando você começa a aprofundar as perguntas, entender o que leva a pessoa a agir como ela age, quais os VALORES, aí a coisa pega! (Só sei de tudo isso, pois fizemos terapia de casal e a nossa terapeuta nos colocou esses desafios). Quando descobrimos ou entendemos os nossos valores, tudo fica mais claro. Começamos a entender o porquê das brigas, o porquê das discordâncias e começamos a entender o outro (caso você queira isso).

O que houve entre o Pafúncio e eu, é que descobrimos que nossos valores são muito diferentes, alguns até opostos; talvez tenhamos descoberto tudo isso num momento em que nenhum dos dois estava mais disposto a abrir mão das suas "verdades", o que torna mais desafiador um relacionamento. Além disso, ele não entendia que poderíamos discordar sobre um assunto e mesmo assim conversar sobre isso sem acusações. Acrescentado a isso, um dia (entenda que não foi da noite para o dia), eu me olhei no espelho e não me reconheci. Quem era aquela mulher? Aquela que ficava o dia deitada na cama e que não queria nem passear com o marido, mal cuidava dos cachorros? Aquela que quando ele deitava na cama para dormir, ela perdia o sono? Aquela mulher que costumava se arrumar e agora só vestia moletom?

Foi quando eu tomei a decisão mais difícil da minha vida: eu me escolhi! Você pode pensar: "Como assim, a decisão mais difícil?" Você tem que se valorizar, se cuidar...Por que, então, essa decisão foi tão difícil? Por causa das minhas crenças: "O que as pessoas vão pensar? E se eu não conseguir sozinha? Será que é a decisão certa?" Dizer que foi da noite para o dia que eu falei para ele que eu queira me separar? Nem "a pau" – demorou um tempo para dizer, e três anos para se concretizar.

Lembro-me até hoje o dia que eu falei para ele que meu sentimento por ele estava diminuindo, que talvez eu não quisesse mais ficar com ele, toda cuidadosa e a resposta dele foi: "Tá bom", não acreditando no que eu estava falando. E durante os três anos que passaram entre a conversa e a separação, eu falava constantemente. Não que nesse tempo não brigássemos e ele falava que ia embora e eu não "deixava", mas o que eu quero dizer com isso é que um divórcio não é do dia pra noite, mesmo quando não há empecilhos; não temos filhos humanos, apenas dois caninos, o que facilita as coisas.

O que eu quero trazer com essa minha história?

Para você triunfar, não precisa depender de ninguém, mas que normalmente essa decisão vem com um preço a pagar – no meu caso, foi o meu casamento. Não que esse tenha sido o único motivo para o divórcio, mas foi a gota d´água. Se alguém na sua vida estiver te impedindo de realizar seus sonhos e desejos, afaste-se. Não quer dizer que a pessoa é mau-caráter, só quer dizer que vocês não são compatíveis.

Eu não falo mal do meu ex-marido, pois apesar dos momentos ruins, principalmente no final do casamento, ele é um homem de caráter, cuida bem dos cães, tem respeito e carinho pela minha mãe, entre outras coisas. Mas, se eu não tivesse me divorciado dele, eu não estaria onde estou hoje: tenho mais três livros escritos e publicados (até agora); sou idealizadora e organizadora do "IntensoSP" – evento para palestrantes iniciantes que querem ganhar experiência de palco; sou Palestrante Memorável; Mentora de transformação de vidas - ajudo as pessoas a atingirem seus objetivos mesmo quando ainda não sabem quais são - de forma personalizada; fui morar no interior da Bahia por um mês logo depois da minha separação; moro com meus dois cães e amo a minha companhia; sou realizada pessoal e profissionalmente. E isso tudo que eu falei aqui, não faz nem um ano que eu me separei (quando estou escrevendo esse capítulo).

Para finalizar, quero deixar bem claro que eu não passei por essas transformações sozinha – claro que quem sentiu as dores e alegrias desse período fui eu – mas eu tive apoio da minha mãe, de amigos, mentores, e principalmente da minha fé em Deus! Não estamos sozinhos nesse mundo e por mais que tomemos decisões difíceis que nos separem de alguém, sempre temos com quem contar.

Esse é um diferencial do meu trabalho, onde eu apoio a pessoa com o que ela precisar. Uma das coisas que me ajuda muito é a música. E aqui deixo algumas frases que me ajudam muito quando estou num momento ruim ou de decisão, ou até de dúvida se tomei a decisão certa:

"Cada escolha, uma renúncia, isso é a vida."
Charlie Brown Jr

"Para quem tem pensamento forte, o impossível é só questão de opinião (e disso os loucos sabem)."
Charlie Brown Jr

"Sonhar grande e sonhar pequeno dá o mesmo trabalho."
Walt Disney

"Nada fala tão alto quanto os seus resultados."
Tathi Deândhela

Muito obrigada por ter ficado até aqui!

“

Quando descobrimos os nossos valores,
tudo fica mais claro.

Faby Weiss

”

FÁTIMA CARVALHO 10

Sou Fátima Carvalho, nasci em Lisboa, Portugal. Sou mãe de 3 meninas, tenho uma cadela, dois gatos e amo cavalos.

Sou psicoterapeuta, oradora e mentora na área do desenvolvimento pessoal e espiritual para mulheres empreendedoras que pretendem ser autoconfiantes, terem relacionamentos saudáveis e fazerem o seu milhão de dólares conectadas aos seus propósitos divinos.

Fundadora do projeto de solidariedade social "Fafá Junta Sorrisos", que já ajudou mais de 150 crianças e jovens. Fui reconhecida em vários anos consecutivos em nível nacional e internacional na área do empreendedorismo imobiliário.

@fatimacarvalho.atitudesbrilham
instituto@fatimacarvalho.pt
www.fatimacarvalho.pt

UM MILHÃO DE DÓLARES

Por Fátima Carvalho

Em 2017 estava eu a subir ao palco, mas desta vez era diferente. Já tinha subido várias vezes durante anos para receber vários prêmios pela excelência em angariação e venda de imóveis. É bom sermos reconhecidos pelo nosso trabalho, mas confesso que a apatia que vivera durante 3 anos, de 2010 a 2013, já não me permitia desfrutar e nem mesmo celebrar.

No entanto, o ano 2017 foi diferente. Um dos reconhecimentos que estava a ter se relacionava com os meus resultados de faturação acumulada em 11 anos: um milhão de dólares.

Incrível! Pelo menos para mim, que vim de famílias bem humildes e comecei a trabalhar aos 13 anos de idade, ao mesmo tempo que estudava. O incrível é que estava recebendo aquele reconhecimento, fruto do meu trabalho, mas estava naquele momento com poucos recursos financeiros.

Estava particularmente orgulhosa de todas as minhas aprendizagens e principalmente das superações que eu tive durante o meu caminho. Por isso, aquele reconhecimento teve um significado especial para mim, era mais do que os resultados profissionais e financeiros, representava todas as minhas transformações, quedas e vitórias enquanto ser humano. Representou a pessoa em quem eu me transformei durante esse percurso.

Um pouquinho do meu percurso até ao reconhecimento de um milhão de faturação para que possas compreender melhor:

- Desenvolvia projetos de solidariedade social com musicoterapia e arteterapia com crianças, jovens e famílias carenciadas;
- Tive 3 filhas;
- Convidada especial para várias palestras para empreendedores;
- Fui violada e engordei 40 kg;
- Criei coragem e sai de um relacionamento tóxico que durou 13 anos;
- Vivi apática durante 3 anos;
- Fiz 2 cirurgias em 24h, 11 transfusões de sangue em poucos dias e uma experiência de quase morte no ano 2013. Os médicos já

tinham pouca esperança, mas além das mensagens que recebi no céu, também apliquei ferramentas de autoconhecimento que já desenvolvia profissionalmente. Porém, a verdadeira magia da autocura descobri depois do hospital:

- Durante a recuperação, surgem-me ataques de pânico e aprendo a curá-los sem medicação, mas a descobrir o poder da meditação;
- Estive sozinha com 3 filhas durante alguns anos;
- Me desfiz da minha casa própria;
- Descobri os meus propósitos divinos, reconectei-me com a minha essência e sonhos;
- Reconectei-me com a minha paixão pelos cavalos;
- Tomei decisões difíceis e recomecei abaixo de zero financeiramente.

Conhecia-me mais que nunca e o amor por mim mesma estava cada vez mais brilhante e poderoso. Por isso, chego ao palco sabendo que aquele momento representava uma trajetória intensa, finais e inícios de novos. Pois surgia em mim cada vez mais a vontade de partilhar com o mundo sobre os nossos dons e poderes de autocura.

A minha inspiração hoje também tem outro nome...o seu! Na esperança, fé e amor que evites erros que cometi, ou que superes deles.

Digo-te que hoje sei que todas nós nascemos para brilhar com a nossa própria luz. Não nasceste por acaso e a tua história não é por acaso. Você nasceu para brilhar e dares esse exemplo de transcendência e evolução às gerações futuras, rompendo com padrões do passado, deixando o teu legado e abrindo novos portais para a *Era da 5ª Dimensão*, onde podemos trazer a conexão e a harmonia entre a nossa espiritualidade, propósito divino e materialização.

Quando não estamos a viver a abundância é porque existe algo no nosso campo emocional, vibracional, energético, nas nossas atitudes ou desconexão com o nosso propósito divino que nos estão a impedir de viver e magnetizar a nossa essência abundante.

Mesmo um milhão de dólares não é bom e nem mau... é o reflexo de nós. Podemos levantar e melhorar a nossa relação com o dinheiro de forma leve, para que se torne crescente e abundante nas nossas vidas ou podemos até conseguir fazer dinheiro, mas de forma pesada, não ecológica e nada abundante para nós.

Outras das coisas que a vida e os anjos me ensinaram é sobre a importância de elevarmos a consciência sobre nós mesmas. Somos muito mais do que pensamos ser, somos essência divina.

É delicioso saber que, afinal, podemos fazer dinheiro com dedicação e leveza, sendo a forma como o fazemos e o uso que vamos dar a ele, uma extensão da nossa espiritualidade. Estou a trabalhar no meu novo milhão, mas desta vez de uma forma mais sábia, conectada e feliz.

De forma a ajudar-te a concretizares o teu milhão, decidi resumir-te alguns dos erros bloqueadores que eu cometi. Estes bloqueios tanto podem te impedir de elevares a tua riqueza como perderes a tua riqueza:

1. Crenças limitadoras

São várias as que poderia nomear, mas hoje partilho uma que foi pesada para mim. A crença de "quem faz dinheiro não pode ser espiritual ou quem é espiritual não pode fazer dinheiro".

Desde muito pequenina tive a minha espiritualidade muito presente, era médium e não sabia, camuflava com o medo. Inclusive, tinha níveis de intuição tão elevados que até os negócios me facilitavam, mas mesmo assim sentia medo e culpa.

2. Desconexão com propósitos divinos

Com medo da minha mediunidade, afastei-me de mim e da minha essência e, consequentemente, da clareza dos meus propósitos divinos.

3. Dificuldade um dizer "não"

Aconteceu-me principalmente na minha vida privada. Permiti-me prejudicar gravemente.

4. Falta de coragem

Para colocar os limites no momento certo.

5. Alimentar relacionamentos tóxicos e de vitimização

Isso retira o nosso poder e enfraquece-nos.

6. Ceder perante chantagens

Sejam emocionais ou de outro gênero. Existe sempre outro caminho.

7. Não investir adequadamente

Para multiplicar os rendimentos e não saber escolher as pessoas certas para me ajudarem nesta área.

8. Acreditar no mito "não tenho tempo"

Com 3 filhas, projetos de solidariedade social, relacionamento tóxico e muito trabalho, colocava-me sempre em último lugar e acreditava que não tinha tempo. Não sabia que nessa fase, aprenderia a prioridade de saber primeiramente cuidar de mim.

Claro que também fiz muitas coisas boas e acredito que essas influenciaram os meus resultados financeiros, ao ponto que fiz um milhão de dólares. Mas, tal como já referi, dinheiro é energia. Fui perdendo o milhão de dólares nas mesmas doses que ia baixando a minha energia, nas doses que perdia o meu amor-próprio, o meu brilho, o meu sorriso, a minha confiança em mim mesma e na vida.

Muitas pessoas acham que quando quase me esvaziei em sangue foi o pior dia da minha vida, mas não é assim que sinto. Até ir parar ao hospital, tinha vivido os três piores anos da minha vida, apática, sentia-me fria, cinzenta, parecia cimento. O peso emocional também se fez nessa altura refletir para o peso físico, passei rapidamente dos 58 kg para os 107 kg.

Foi quando acordei, pela segunda vez em 24h, no bloco operatório. Quando voltei a abrir os olhos e a pestanejar na cama do hospital, a relembrar da viagem ao Céu, que entendi que esta era uma nova oportunidade para acordar e despertar, pois estar aqui não significa viver.

Fiz 11 transfusões de sangue na Terra e muitas de amor no Céu e por isso decidi voltar para continuar a evoluir, pelas minhas 3 filhas, para passar as mensagens de luz à humanidade e ajudar a te conectares aos teus propósitos e abundância divina, fazendo com que a tua riqueza financeira seja uma consequência natural e leve.

Sei que com amor, fé, paz e dedicação podemos reaprender a nos amar, ter relacionamentos saudáveis, saúde e riqueza. Sou prova disso! E afirmo-te que é possível.

No ano 2019, decidi sair da empresa onde estava, dei outro salto de fé e fundei o Instituto Fátima Carvalho, a maior escola de desenvolvimento pessoal e espiritual para mulheres empreendedoras. Eu amaria compartilhar aqui essa linda experiência contigo, mas neste livro, ainda temos mais pessoas incríveis a partilharem histórias memoráveis.

No entanto, deixo-te dois desafios para experienciares durante 60 dias consecutivos. Depois envia-me um e-mail ou mensagem no Instagram para compartilhar os efeitos da prática desta magia:

1. Escreve, no mínimo, uma página de gratidão.

Obtém um caderno para ser o teu diário da gratidão e começa cada frase por "eu sou" e "estou grata por". Não tem problema se repetires coisas idênticas ou repetidas ao longo dos dias.

Se lembre que onde colocas a tua atenção, o teu foco, tenderás a manifestar-se e a aumentar a vibração.

Este exercício da magia da gratidão tem muito mais fases, que te permitem a expansão do teu brilho, clareza do teu propósito divino e conexão à abundância que desenvolvo nas minhas mentorias.

Começar por aqui já é um grande passo. Quanto mais viveres em gratidão, mais a magia acontece.

2. Respiração consciente

Ao longo do teu dia, faça pelo menos três pausas, nem que sejam de apenas dois minutos, mas que sejam dois minutos onde o teu foco vai exclusivamente para a tua respiração. Inspira lentamente e sente a tua respiração numa contagem até 5 (caso não estejas habituada) e expira lentamente até 7.

Nada de redes sociais e de interromper esses dois minutos. Aos poucos, podes ir aumentando os tempos. Lembra-te: silêncio e foco na respiração. São dois exercícios que várias vezes são subestimados pela sua simplicidade. Algo tão simples e de uma alquimia tão profunda.

Tenho uma meditação de afirmações positivas para te ajudar a elevares a autoestima e a magnetizares os teus sonhos. Envia-me um e-mail a dizer "eu nasci para brilhar" e eu saberei que chegaste até a mim por este livro e irei oferecer-te a meditação e um bónus surpresa.

Lembra-te, quanto maiores forem as tuas doses de amor e autoconfiança por ti mesma, mais estarás conectada à fonte divina e infinita da abundância e ao teu propósito do Ser. Já imaginaste que quanto mais dinheiro existir nas mãos de pessoas que transbordam de amor, mais coisas boas poderemos fazer acontecer no mundo e nas nossas vidas?

Se quiseres aprender mais sobre esta jornada, fala comigo.

Não nasceste por acaso e a tua história não é por acaso. Nasceste para brilhar.

Fátima Carvalho

FLÁVIA MARTINS

11

Oi, sou a Flávia Martins, mãe de 2 filhos adolescentes mestiços.

Sou graduada em Fonoaudiologia, especialista em análise do comportamento, especializada no desenvolvimento da comunicação da fala e linguagem infantil.

Sou empreendedora, palestrante, supervisora, mentora, estudiosa.

Minha missão é ajudar crianças a se comunicarem e promover adultos patrocinadores desta comunicação.Meu valor é atender com amor, contribuir, servir, dedicar e agradecer.

@fonoflaviamartins
/flavia-martins-para-empresas/

O PODER DE ACREDITAR EM UM NOVO CAMINHO

Por Flávia Martins

A linha do tempo da minha vida (hora contínua, hora descontínua; hora colorida, hora cinzenta) teve início com uma linha sinuosa. Meus pais precisaram passar um tempo no interior da Paraíba, minha família paterna tem sua origem lá; já a minha mãe é de São Paulo, onde resido atualmente, desde 2006. Para que eu conseguisse chegar aqui nessa cidade foi preciso que eu fizesse as malas, parece óbvio, mas vou te explicar melhor. Entendi que, verdadeiramente, quando decidimos algo e acreditamos no nosso propósito, criamos portas, ambientes, caminhos e tudo acontece!

Fui uma criança sem muitas palavras, ouvia sempre: "onde está sua língua?", "é tímida?". Na minha obediência, fui me calando. Durante o dia, meu pai trabalhava na PHILCO, à noite, minha mãe costurava em casa, fazia roupinhas para minhas bonecas; e eu brincava em silêncio, meio aos retalhos que ficavam no chão. Costumava dormir no balanço das pernas dela, enquanto ela ficava sentada diante da máquina de costura. E assim eu crescia nesta linha do tempo silenciosa, criativa e amorosa. Talvez por esse motivo a Fonoaudiologia - Ciência que estuda o desenvolvimento da comunicação da fala e linguagem – foi a competência que mais me identifiquei, e nela me formei em 2005.

Iniciei a graduação no Centro Universitário de João Pessoa/PB, eu havia conseguido uma bolsa de estudos, tudo parecia ir bem, mas nesse mesmo período recebemos a notícia que minha mãe estava com câncer! Nessa fase, a minha linha do tempo, de colorida virou cinza. Pensei em desistir, mas minha mãe falou para eu continuar. Aqui eu seguia descontinuamente; amor, fé, quimioterapias, radioterapias, cirurgia, orações, estudos e cuidados da minha mãe. Eu precisava ter força ao ver o cuidado com que ela amparava as mechas de seus cabelos, que flutuavam pelo ar, parecendo flocos de algodão.

Você já deve ter notado que tudo baseia-se no comportamento. Cada um transmite algo a alguém e com isso observamos que, dependendo do ambiente e dos nossos desejos, agimos ou reagimos de formas diferentes. O ambiente nos impulsiona para isso, afinal, quais são as consequências que nossas respostas exercem sobre algo ou alguém? Qual o poder que temos sobre o que vem depois do momento atual da nossa vida? Somos responsáveis mesmo sem percebermos, do caminho que criamos e da importância desse caminho? Fato é que os comportamentos geram algumas consequências, hora agradáveis, hora nem tanto; e você irá entender como as pessoas se comportam diante de estímulos que elas recebem diariamente.

Faz-me lembrar de um momento na minha história, logo que cheguei em São Paulo e que comecei a trabalhar na loja do meu tio, na rua 25 de Março. Eu nunca tinha visto de perto tantos olhares orientais! No fluxo de subidas e descidas dessa rua tão movimentada, no terceiro dia eu que eu respirava os ares do local, um destes olhares fixou-se ao meu e, dois meses depois, fui trabalhar como secretária daquele taiwanês. Ele falava pouco português, mas eu conseguia compreender o que dizia, fiquei encantada com o sotaque, com a cultura, com os hábitos dele. Sem perceber, em pouco tempo eu já estava atendendo aos telefonemas falando algumas palavras em mandarim. Engraçado porque até minha mãe quando falou comigo ao telefone assustou-se: "Tenho uma filha chinesa?", perguntou.

Antes de continuar a minha história em São Paulo, quero levar você de volta ao nordeste, pra que você entenda como o meu novo caminho foi sendo construído.

Logo após a minha formatura eu havia conseguido um trabalho voluntário. Passados 6 meses, o meu pai, sábio e sério me perguntou: "Flávia, minha filha, você se formou para trabalhar de graça, por quanto tempo?". Então, cheguei em casa confiante e iniciei a construção da minha própria porta, para seguir o meu caminho: peguei duas malas, em uma delas guardei minhas roupas e na outra os meus livros, decidi que iria para São Paulo ou para o Rio de Janeiro.

Certo dia, de manhã bem cedo, o meu tio que era um empresário bem-sucedido e que tinha uma trajetória de muitas conquistas, apareceu no portão da nossa casa, e me perguntou: "Você se formou? Está trabalhando?" respondi: "não!", ele continuou: "Quer ir para São Paulo?" respondi: "Estou de malas prontas!" Ele, sempre sorridente e com vestuário preto, deve ter pensado que eu estava brincando. Quem estaria de malas prontas? Eu estava pronta e preparada para seguir um novo caminho.

Assim, dois dias depois, eu estava chegando em São Paulo. Isso mesmo! Peguei minha linda carteira e viajei pela primeira vez de avião, sozinha, sem um real no bolso, com frio na barriga, mas na certeza de não olhar para trás. Com a minha decisão, após um "puxão de orelha" do meu pai, um caminho foi criado.

Fiquei hospedada na casa da minha tia materna por cinco meses, quando uma certa noite a porta que sempre estava aberta, encontrava-se fechada. Ninguém abria a porta, nem atendia o telefone. Passei à noite em um motel próximo, estava com vergonha, mas foi necessário pois eu precisava tomar banho. Adormeci e no outro dia fiquei até às 18 horas no condomínio, esperando alguém chegar para abrir a porta e eu pegar as minhas coisas, pois não queria ficar onde me fecharam as portas. Peguei o que consegui em uma bolsa grande e, mesmo com tantos questionamentos passando ao mesmo tempo pela minha cabeça, decidi mais uma vez seguir por outro caminho, e outra porta eu criei.

Aprendi que quando se leva uns puxões na vida, existem dois caminhos a seguir: vitimizar-se com a situaçao ou levantar-se e decidir criar portas, caminhos, seja sozinha ou com ajuda de alguém. Eu estava preparada para seguir o caminho e decidida a viver meu propósito.

Antes da pandemia eu já estava construindo uma "porta": o projeto Gugo Linguagem, que infelizmente durou 8 meses pois não tinha braços para continuar. O projeto era composto por 3 professores, 6 alunos com dificuldade na aprendizagem - entre 5 a 12 anos de idade; éramos uma equipe multidisciplinar.

Outra "porta" em construção era um consultório particular, mas essa eu decidi fechá-la antes mesmo de abri-la pois perdi investimento financeiro e a pandemia não tinha prazo para acabar.

As vezes precisamos decidir por fechar portas, para aprendermos a dar oportunidades para outras que virão. A verdade é que a porta se fecha "sem piedade", como diz minha mãe. Aprendi que eu devo criar as minhas, sim! Então criei uma portinha (risos) mesmo durante a pandemia, quando estava atendendo em uma clínica para autistas, em Guarulhos, um pouco longe de casa. Ao mesmo tempo que essa portinha se abria, outras se fechavam, como o exemplo da loja do meu marido, e de outras no Gasômetro. Nesse período os papéis inverteram-se em minha casa e meu esposo ficou tomando conta tanto da casa quanto dos filhos, enquanto eu segui durante o ano todo com o meu trajeto de idas e vindas de São Paulo pra Guarulhos.

Me recordo do dia 4 de maio de 2020, em que estávamos passando pela Dutra antes das 6 horas da manhã. Eu havia recebido uma proposta de trabalho na Vila Olimpia, fiz a entrevista na rodovia mesmo, online, e ao finalizar meu esposo me disse: "Nossa, você falou tão bem! Parece que conhecia a dona da clínica." Isso pode parecer simples pra você que lê esse texto agora, mas para mim não, por causa das barreiras limitantes que tive em relação a comunicação, durante a minha infância. Então, quando recebo esses elogios, fico sem acreditar! E mesmo já não tendo mais esta dificuldade na comunicação, no meu inconsciente ficaram os resíduos daquele tempo.

Continuando com a experiência que tive em Guarulhos, eu tinha um paciente com o comportamento de abrir e fechar a porta da sala de atendimento. Logo pensei, vou fazer uma portinha para a sala de atendimento. Desenhei e entreguei ao marceneiro, nas mesmas medidas, com dobradiças e puxador, igualzinha, quando chegou eu fiquei tão feliz! Algo que saiu da minha imaginação estava pronto, nas minhas mãos. Fiquei tão agradecida, até pulei de alegria. Não conseguia conter a emoção e a ansiedade em apresentar ao meu paciente, e por incrível que pareça, de imediato ele não aprovou a ideia, mas continuei com objetivos de desenvolver a habilidade social e todas as crianças se beneficiaram com isso.

Neste momento em que escrevo este capítulo, estou com a mesma felicidade em contar para você um resumo da minha simples história. Já aconteceu algo assim com você? Pensar em algo, desenhar um projeto, sair do papel e tornar-se concreto? Se não, tente!

Como dizia meu pai: "É muita satisfação!". Ele falava muito esta palavra "satisfeito", ele era satisfeito pela vida que vivia, pelo trabalho, pela casa e a família que conquistou. Atualmente ele não está aqui, mas guardo as boas memórias da frase "eu te amo minha filha", da vontade dele de vencer, da sua simplicidade e do seu propósito de vida que era ter suas filhas formadas.

E você, realmente está vivendo com satisfação a sua vida? As respostas são satisfatórias?

Na fase em que a minha primeira porta que se fechou, minha mãe, infinitas vezes, falou ao telefone para eu voltar, mas aqui era a minha decisão em seguir meu caminho, eu era responsável pelas minhas atitudes, assim como sou hoje. Por mais que tudo acontecesse de uma forma ruim, ninguém seria culpado pelas circunstâncias das minhas decisões, mas eu estava decidida a continuar abrindo portas e criando meus caminhos. Nada justificaria voltar e anular a continuidade e os pequenos avanços. O nosso propósito deve ser firme, claro e certo. Conheça o seu!

Acredite, haverá o momento para os resultados virem, sejam eles pequenos ou grandes. O importante é o seu dinamismo, a continuidade da geração que virá para abrilhantar e continuar sua linha do tempo. Veja quão bela ela já é, sabe porquê? Porque ela é sua, ela te pertence!

Não importa a fase da sua vida, o importante é manter a trajetória infinita da sua linha do tempo, a sua decisão em continuar acreditando em um novo caminho, os seus resultados, e o CRIAR PORTAS.

Aprendi que quando se leva uns puxões na vida, existem dois caminhos a seguir: vitimizar-se com a situação ou levantar-se e decidir criar portas, caminhos, seja sozinha ou com ajuda de alguém.

Flávia Martins

12

ITACIANE ROCHA

Sou Itaciane Rocha, professora, coautora do livro "***Reconfiguração e didática no período pandêmico***", mestra em Gestão de Empresas, especialista em Gestão e palestrante com formação pelo Instituto Deândhela.

Atuo há 26 anos no serviço público, com experiências na Educação Básica e no Ensino Superior, sou palestrante e mentora de mulheres.

Criadora do "Método 7P", ajudo mulheres a resgatarem sua essência para viverem sua real identidade e propósito, incentivando-as ao posicionamento e potencialização de suas habilidades.

@itacianerocha
Itaciane Rocha
Itaciane Rocha
Itaciane Rocha

O PODER DA DECISÃO

Por Itaciane Rocha

A vida é feita de histórias, decisões, fatos contados ou vivenciados, que vão sendo registrados na memória e se formam como um baú de realidades. Ainda que existam controvérsias, eles permanecem, porque atingiram o corpo através do sensorial, a alma através das emoções e o espírito pelo significado que tem na consciência. Qual seja o fato, o mais importante é o que você decide fazer com o que ficou registrado.

Sou a filha caçula de um pai carinhoso e uma mãe cuidadosa, que trabalharam muito pra sustentar 7 filhos. Quase sempre ele ia trabalhar no interior do estado, hoje entendo que minha mãe se sobrecarregava com a dupla jornada de trabalho. Minha mãe é uma mulher resiliente, passou muitas adversidades desde quando ela era bebê, pois, minha avó foi vítima de feminicídio, mas minha mãe decidiu ser dedicada ao nos criar.

Minha mãe tinha cuidado com todos os filhos, especialmente comigo, não me permitia frequentar outras casas sozinha. No entanto, certo dia ainda na minha primeira infância, infelizmente, foi dentro do meu próprio lar que sofri violência. Dias depois fiz uma consulta e o médico prescreveu uma medicação. Eu não tinha entendimento da situação e nunca fui indagada, mas depois tive a capacidade de compreender o ocorrido.

Tudo o que passamos o cérebro registra, seja humilhação, violência ou rejeição. Da junção disto é construído o significado, que o ser humano toma como base para suas crenças, seus valores e sua identidade. Na infância ainda, sofri *bullying* por ter dentes encavalados, recebi rótulos e fiquei mais tímida. Apresentava baixa autoestima, falta de autoconfiança, meu desenvolvimento afetivo e social foi prejudicado. Na adolescência, a timidez se agravou pois aos 11 anos tive um problema no couro cabeludo e fui ficando careca.

Após o tratamento, o médico afirmou que o problema era irreversível, porém, minha mãe cheia de fé fez um propósito, e graças a Deus meus cabelos voltaram a crescer. Então, aprendi a confiar em Cristo.

"Contudo, Ele mesmo me tirou do ventre; deu-me segurança junto ao seio de minha mãe. Desde que nasci fui entregue a Ele; desde o ventre materno Ele é o meu Deus."
Salmos 22:9-10

O fato de me sentir amada por Deus sempre me encheu de gratidão e desde criança já me dedicava em participar de grupos de louvor. Na adolescência, aceitei o desafio de treinar grupos de canto na igreja, minha vontade foi maior que a timidez. Esta experiência me fez ver outras possibilidades e conquistas, foi então que decidi cursar o Magistério e aos meus 19 anos, concluí o curso.

Neste período, meu pai adoeceu gravemente e veio a falecer. Era um momento difícil e de decisão, eu estava vivendo o luto pela morte do meu pai, mas precisava estudar para o concurso público que havia me inscrito. Mesmo em tempo adverso é preciso decidir seguir avançando, então todos os dias eu acordava pela madrugada, pedia o consolo a Deus pelo luto, fazia meu devocional e me debruçava nos livros, para estudar.

Passei no concurso, optei por ser professora de Educação Especial, busquei conhecimentos necessários para trabalhar na área, me tornei especialista em Deficiência Visual, Educação Especial e em Tecnologias Educacionais. A experiência com pessoas com deficiência me proporcionou experimentar a empatia e compreender que, para gerar resultados positivos, o foco deve estar no potencial das pessoas e não no abandono, rejeição ou em suas limitações.

As conquistas na área profissional vieram, mas chegou o tempo que desejei ter minha família. Demorou, mas venci o retraimento em relação ao namoro e aos 28 anos me casei, constituí uma família linda. Casei, contudo, o comportamento predominantemente estável permaneceu, evitava conflitos, na realidade fazia tudo para não ser criticada, acatava decisões pra não contrariar e, ainda quando insatisfeita, agia passivamente suportando calada.

Do outro lado, meu esposo seguia automotivado, autoconfiante, com decisões firmes e independentes, sem medo de riscos, com facilidade e naturalidade defendia seus posicionamentos. Na sua vida profissional, não demorou pra ser indicado a uma posição de liderança na empresa que trabalhava. Ampliou seus contatos e vivia entre intenso trabalho e faculdade, mas nas horas vagas do final de semana, ele priorizava seu descanso e lazer.

Desde o início do casamento, os primeiros sinais de problemas surgiram e nos anos seguintes foram se alastrando, eram como prenúncio de um vulcão. Eu percebia a gravidade, mas não conseguia assumir uma postura assertiva. Meu esposo e eu enfrentávamos sobrecarga de trabalho e responsabilidades, então, visando melhoria financeira, eu ainda assumia outros trabalhos como docente em graduação e pós-graduação.

Nossa aliança estava suscetível à quebra, faltavam fatores essenciais, como ajuste dos nossos objetivos, mais diálogo, companheirismo e cumplicidade. Surgiram desentendimentos, desconfiança, mentiras, traições, até que o vulcão explodiu e veio a completa destruição do meu casamento. Minha filha estava com 5 anos e meu filho tinha acabado nascer. Foi em um diálogo tenso e delicado, que meu esposo comunicou a separação.

Fisicamente, eu estava cansada, sem forças e adoecida. Olhei pra dentro de mim e vi uma mulher sofrida, mal-amada, vitimizada, cheia de traumas e bloqueios. A parada obrigatória trouxe à tona sentimentos e ressentimentos ainda vivos. Rejeição, desprezo, indiferença, impotência e vergonha do fracasso, sentimento de abandono, agora junto com os filhos.

Nunca deixei de ter intimidade e devoção a Deus, mas apenas pranteava diante dEle e quando consegui falar, conversei com o Pai. Desde então, passei a ver os fatos por outra ótica, desta vez, me vendo como filha querida do Pai, parte da nobreza celestial.

"Pois Deus, na sua graça, me escolheu antes mesmo de eu nascer e me chamou para servi-lo."
Gálatas 1:15

Ele mesmo já havia afirmado:

"Porque sou eu que conheço os planos que tenho para vocês, diz o SENHOR, planos de fazê-los prosperar e não de causar dano, planos de dar a vocês esperança e um futuro."
Jeremias 29:11

Primeiramente, realinhei minha fé plena em Deus, o qual tem o poder de perdoar a todos e é justo e soberano. Trouxe à memória que o casamento é feito diante de três dobras: dos cônjuges entre si, mas também é uma aliança de ambos com Deus. Diante deste princípio, minha aliança com Deus estava intacta, eu não havia quebrado. Exerci o perdão para receber de Deus a cura emocional e decidi iniciar a caminhada, estipulando um tempo para restauração do meu casamento e da minha família.

Dentro do tempo, meu esposo me pediu perdão, nos reconciliamos, e decidimos iniciar o tão longo quanto difícil, processo de reconstrução. Jamais desisti.

"Pois Deus não nos deu o espírito de timidez (medo, covardia), mas de força, de amor e de prudência."
II Timóteo 1:7

Então, precisamos enfrentar os desafios. As conquistas exigem persistência e constância. Os desejos são concretizados com atitude de fé e coragem. Deus permite o sofrimento, mas demonstra o seu amor, porque Ele não tem prazer em ver seus filhos sofrerem. Nosso propósito foi desenhado por Deus, entender isto nos faz reconhecer nossa identidade de filho de Deus.

"Fomos criados de forma admirável e especial."
Salmo 139: 14

"Mas a todos quantos o receberam, deu-lhes o direito de se tornarem filhos de Deus."
João 1:12

Ao agirmos de maneira errônea diante das circunstâncias da vida, nos distanciamos do Propósito. Então, decidi iniciar a mudança em mim, me envolvi em tudo que pudesse contribuir para acelerar a superação daquela fase. Investi em conhecimentos, fiz *network* com grupos e mentores que tinham condições de oferecer o que eu precisava. Resgatei minha história, encontrei a resposta para muitos porquês. Percebi que muitas situações que vivi foram causadas pelo nível de autoridade sobre mim que eu permitia que as pessoas tivessem.

Iniciei o resgate da minha verdadeira identidade em Deus. Fazer isso me fez compreender que a minha essência sempre esteve dentro de mim, e hoje, me sinto transformada e fortalecida pra viver, conscientemente, o meu propósito! Descobri que para chegar à transformação segui sete passos, com os quais criei o Método 7P, *"Os 7 poderes da mulher emocionalmente forte"*.

Este método teve sua experimentação e confirmação de eficácia primeiramente na minha vida, hoje serve para ajudar milhares. Toda mulher tem ao seu dispor 7 poderes para gestar suas emoções, para se tornar emocionalmente forte. O autoconhecimento, a ressignificação, o perdão, a transformação, a decisão, a ação e a evolução. Entre todos destes, destaca-se o poder da decisão, a decisão é essencial e indispensável para dar o próximo passo rumo ao novo.

A decisão levará você a alcançar o verdadeiro propósito para o qual foi criado. Independente das circunstâncias e adversidades que você passar, decida ser indesistível em alcançar o seu propósito de vida e assumir plenamente sua identidade real e divina. É impossível realizar o planejamento que você elaborou sem tomar a decisão de realizá-lo e transformá-lo em ação.

Através de uma decisão, eu revisitei minha história, identifiquei bloqueios, crenças limitantes e vícios emocionais, resgatei o amor no meu casamento e me reconstruí. Hoje, tenho competência para ajudar outras mulheres e continuo aberta à transformação. Cada um de nós foi criado com um DNA exclusivo, Deus criou você dotado de habilidades pra exercer seu papel nesta terra. Lute com persistência pra alcançar a plenitude da vida e viver seu propósito.

Não ignore sua missão, tenha fé, ame sua família, ame as pessoas, faça conexões de valor. Execute sua missão com amor, não tenha medo, o amor lança fora todo medo. Você recebeu de Deus ousadia, viva intensamente seu presente dado por Deus. Seu passado não tem mais materialidade e seu futuro é uma projeção, transforme o que está em sua volta, use seus poderes, aja, evolua, viva! Está nas suas mãos a decisão de viver a melhor vida!

“

Independente das circunstâncias e adversidades que você passar, decida ser indesistível em alcançar seu propósito de vida e assumir plenamente sua identidade real e divina.

Itaciane Rocha

”

13

ITEVALDO LOPES

Sou Itevaldo Lopes, sou palestrante, hipnoterapeuta e pai de uma moça linda. Mudei de carreira quando encontrei o meu propósito de vida, que é fazer outras pessoas felizes e realizadas!

Sou formado em Administração de Empresas e Marketing, pela UEM-Maringá. Trabalhei 30 anos com vendas e mesmo financeiramente estruturado, ainda não me sentia realizado. Então, participando de um evento na área de marketing digital, conheci a hipnose e eu, um homem simples e já com certa experiência de vida, me encantei e recomecei!

Compartilho aqui esta minha vivência e transição.

@itevaldolopes
Itevaldo Lopes
Itevaldo Lopes
(44) 99972-7132
itevaldo@itevaldolopes.com.br
www.itevaldolopes.com.br

OLHAR PARA A VIDA E SE SENTIR DESAFIADO

Por Itevaldo Lopes

Quando criança, sempre sonhei em viajar muito. Via nos livros de geografia fotos de lugares, países e ficava imaginando quando iria visitar essas paisagens. Passava também pela minha cabeça ser jogador de futebol, mas era muito franzino, portanto, algo muito distante. Também fui influenciado a ser padre, o que também não se concretizou.

Aos 16 anos, no dia 29 de janeiro de 1977, saí de casa para estudar, pois na minha cidade não tinha mais espaço para o que eu queria. Foi uma mudança de vida muito radical. Sair de uma cidade pequena onde tudo é perto e fácil, para uma cidade maior onde tudo toma uma nova e maior dimensão, sozinho, tive que dar meus pulos, tomar decisões em relação a trabalho, estudos e até mesmo com relação à minha segurança. Passei por muitas provações, morei em república e tive que me virar para dar conta de tudo que me importava. Não tinha experiência alguma, não sabia nem fritar um ovo, mas a necessidade nos faz aprender na marra, aos poucos fui me desenvolvendo e buscando meu caminho.

Fiz graduação em Administração de Empresas na Universidade Estadual de Maringá (UEM) e depois de formado fiz um curso de especialização em Marketing. Durante a faculdade, trabalhei em uma loja de autopeças e depois em bancos. Trabalhava durante o dia e estudava a noite, foi um tempo de muito aprendizado. Apesar do dinheiro curto, sempre entendi e encarei a vida sem reclamar, aliás, acredito que nunca usei esse verbo, não me lembro. Ao terminar a especialização, fui contratado por uma empresa de consultoria e ali a situação começou a melhorar, pois ganhava em ORTN (Obrigações Reajustáveis do Tesouro Nacional), isso dava um certo *status*.

Ainda levava uma vida financeira difícil, mas o sonho de viajar continuava, tanto que consegui fazer duas viagens para a Europa.

Visitei 10 países de trem, com dinheiro para apenas um sanduíche por dia e dormindo em estações, mas, apesar disso, estava ali realizando um sonho. Durante a viagem vivi muitas experiências difíceis, às vezes, causavam medo por estar em países estranhos, mas foram muito significativas, fizeram valer todo o investimento.

A vida com poucos recursos deixava meus sonhos distantes e gerava um sentimento de insegurança. Surgiram perguntas como: "Será que conseguirei ser bem-sucedido? Será que conseguirei alcançar meus objetivos? Será que conseguirei fazer as viagens que sonhei quando criança?" Quanto mais estudava, mais vontade tinha de estudar e com poucos recursos, como conseguir essa virada? Terminar a faculdade e não ter nada concreto chegava a ser desanimador e sei que isso passa pela cabeça de muitos jovens, porém eles possuem a força, a vitalidade para fazer, empreender e para lutar em busca de seus objetivos.

Quando temos convicção daquilo que queremos, nada pode nos deter. Nada segura uma pessoa que quer mudar de vida. Mas é necessário estar em movimento, dar o primeiro passo. Esse primeiro passo é o mais importante, porque tira a pessoa da inércia e, em movimento, fica bem fácil pegar embalo para fazer o que for necessário para alcançar o que se quer. Concentre-se em seus passos e ande de cabeça erguida, isso possibilitará ver tudo que está acontecendo a sua volta e lhe mostrará a melhores oportunidades.

Meus pais, apesar de terem pouco estudo, sempre me incentivaram a estudar e a buscar conhecimento, pois é algo que uma vez adquirido, jamais alguém tirará de você. Assim, sempre busquei conhecimento, estudei muito e mesmo hoje, após os 60 anos, não parei a minha busca por novas maneiras e novos métodos, para me aprimorar e conseguir sempre dar o meu melhor para as pessoas que procuram por minha ajuda, pois, vejo que ali a minha frente tem um ser humano que sofre e precisa ser acolhido e ajudado em sua dor.

Ao chegar aos 30 anos, tudo mudou. Resolvi empreender e na primeira tentativa, uma expectativa alta, até uma certa ambição cega, porém, sem experiência alguma. Cometi muitos erros que me custaram muito e já fui direto para lona; quebrei, fiquei em uma situação muito ruim, sem dinheiro e com algumas dívidas, mas não desanimei, fui à luta e retomei a vida com mais força ainda. Com a ajuda da minha família e alguns amigos verdadeiros consegui recomeçar e novamente voltei a sonhar.

Depois do primeiro impacto, percebi que precisaria ser como um camaleão e me adaptar às situações, de forma a seguir adiante honrando a moral herdada de meus pais. Apesar de, no início, não me imaginar trabalhando com vendas, achava que não tinha jogo de cintura para esse tipo de trabalho, mas por circunstâncias do destino, uma grande oportunidade na minha vida veio através de um trabalho nessa área. Naquele momento, tive que ser resiliente e aceitei o desafio. Fiz diversos cursos e treinamentos na área de vendas e relações humanas, como o *Dale Carnegie*, tendo sido assistente graduado em oito turmas desse treinamento.

Dessa forma, a resiliência veio com muito estudo e aprendizado, o que me levou a entender que precisamos deixar de lado alguns prazeres imediatos para nos preparar para alçar novos e mais altos voos. Aquilo que fazemos e temos prazer imediato, normalmente cobra um preço alto lá na frente, porém, quando investimos no presente para colher depois o resultado, sempre é prazeroso e duradouro. Temos, dentro de nós, pensamentos herdados que nos levam à crenças que, às vezes, nos limitam, mas temos também pensamentos novos, então, cabe apenas a nós mesmos decidirmos entre quebrar as crenças e ir para a vida. Ou continuar sendo como sempre, mas tenha certeza de que a dor de continuar do mesmo jeito será muito maior que a dor da mudança.

É preciso enxergar além, entender as possibilidades, estar atento e aberto para ver o que não está claro. Ao conhecer minha esposa, tudo mudou, pois passei a olhar para o futuro, algo que até aquele momento existia apenas pelo fato de existir. Fiquei noivo e com a parceria de minha noiva fomos à luta e construímos nossa casa antes do casamento, isso foi fundamental para nós, pois fomos testados em nossa paciência, resiliência e relacionamento (quem já construiu sabe do que estou falando). Nos casamos e tivemos nossa linda filha. Mesmo após tantos anos, o "meu eu" ainda me impulsionava a buscar por algo que eu não sabia o que era. Faltava encontrar a cereja do bolo.

Até que em um determinado momento de nossas vidas, tivemos um problema em família que os médicos não conseguiam resolver. Foi um período difícil, porém construtivo, que não diminuiu nossa força para buscar a solução. Então, ela veio através da hipnose. Ao participar de um evento de marketing digital, conheci a hipnose, algo que para nós era totalmente desconhecido e causava até certo receio. Após a desmistificação, que alcancei no evento, percebi que poderia estar ali a solução para o nosso problema e foi o que aconteceu.

Conseguimos resolver o nosso problema e vi que ali poderia estar o meu caminho. Senti que assim como fomos ajudados, eu também poderia ajudar pessoas a se livrarem de suas dores emocionais, eliminarem os pesos que carregam e que não são seus. Ali clareei o meu propósito de vida. Busquei maiores conhecimentos sobre o assunto e comecei a estudar sobre a hipnose. Depois de vários cursos de formação em escolas como a *Omni Hipnosis*, Instituto Kraisch e o curso Hipnose e NeuroCiências, do doutor Felipe Duarte.

Desenvolvi e adquiri entendimento sobre o assunto, passei a estudar sobre terapia e com o tempo montei minha clínica de terapia breve, usando a hipnose como ferramenta. Ainda realizei várias outras formações, inclusive em áreas correlatas, e hoje, ajudo muitas pessoas através do meu conhecimento e atuação. No meu trabalho, ajudo pessoas a se conhecerem, a olharem para dentro de si mesmas e a encontrarem a sua verdadeira essência.

Buscar novos conhecimentos e ser resiliente, o levará a conhecer seus pontos fortes e suas fraquezas, para dessa forma, poder agir a seu favor. O que acontece é que, normalmente, as pessoas reagem ao invés de agir. Agir é pensar antes de fazer, reagir é fazer para depois pensar. Quem age, normalmente tem atitudes assertivas, recebe reconhecimentos e elogios. Por outro lado, quem reage, normalmente tem atitudes equivocadas e sempre serão julgadas, pois isso transmite insegurança e causa desconfiança aos outros. E tudo isso por falta de autoconhecimento.

Tem um ditado que diz "enquanto uns choram, outros vendem lenços", e quem fica chorando não tem tempo para vender lenços e ainda perde tempo e oportunidades. Ficar reclamando torna a pessoa tóxica e isso interfere na vida de quem convive com ela, sejam parentes, colegas de trabalho, amigos e qualquer pessoa que esteja por perto. Por isso, é importante, de vez em quando, refletirmos e observarmos se não estamos sendo tóxicos, se as pessoas sentem prazer em estarem conosco ou se estão se afastando de nós.

Uma vida estruturada nos cobra muito autoconhecimento e resiliência para contornar tudo aquilo que quer nos derrubar, nos mostra que somos capazes e que, ao dar o primeiro passo, despertamos para um mundo novo, de possibilidades infinitas. O novo sempre nos desafia e uma pessoa bem estruturada estará atenta para subir sempre um degrau a mais, aumentando sua zona de conforto e possibilitando ações inovadoras que a tornarão forte e preparada, levando-a a estar sempre no topo, acima da média do que a maioria das pessoas vivem.

Olhar para si traz autoconhecimento, autoconhecimento traz maturidade, maturidade traz resiliência, resiliência traz qualidade de Vida e qualidade de Vida traz prosperidade.

Quando temos convicção daquilo que queremos, nada pode nos deter, nada segura uma pessoa que quer mudar de vida.

Itevaldo Lopes

LENIR COSTA

14

Sou Lenir Costa, professora, graduada e pós-graduada em Matemática e especialista em gratidão e mindset financeiro. Encontrei meu propósito de vida como coach e palestrante. Dediquei meus estudos na busca do autoconhecimento e aprendi através da gratidão a desenvolver minha inteligência emocional.

Tive o meu despertar em deixar um legado para a minha geração, contando um pouco sobre minha jornada e como decidi triunfar nos momentos em que enfrentei novos desafios.

Para mais informações, fala comigo através das minhas redes sociais.

@lenircostav
Lenir Costa
Lenir Costa Coach
(69) 98471-07033

A GRATIDÃO TRANSFORMA SEUS RESULTADOS

Por Lenir Costa

Foi assim que minha história de superação se construiu

Cresci em uma cidade do interior de Rondônia, chamada Cabixi. Sempre fui uma jovem cheia de sonhos, comecei a trabalhar aos 15 anos, em uma loja, cuidava do serviço da casa, para nossa família e à noite estudava. Quando completei 19 anos, me despertou o desejo de ir morar em uma cidade maior. Fui para Ariquemes, chegando lá, logo arrumei um emprego na área de vendas em uma loja de roupas. Depois de 1 ano, surgiu uma oportunidade de trabalhar no caixa. A loja tinha muito movimento e, algumas vezes, as contas não fechavam, então, eu entrava no banheiro e chorava muito por ter que pagar o furo do caixa e também por estar com saudades de casa.

Desejei desistir, mas se fizesse isso, me sentiria fracassada. Então resolvi enfrentar o problema. Fui pegando o jeito e aprendi controlar a situação, para não ter mais prejuízo. Tive a oportunidade de crescer na empresa. Esse foi o primeiro grande desafio que enfrentei em minha juventude.

Esta experiência me acompanha até hoje, aos 45 anos, porque se eu tivesse desistido, teria carregado em minha mente o sentimento de ter fracassado no meu primeiro desafio.

"E naquele dia, eu decidi triunfar."
Tathiane Deândhela

A conquista da primeira faculdade

Depois de 2 anos, resolvi mudar para outra cidade chamada Vilhena. Ao completar 22 anos, me bateu um desespero, porque eu ainda não tinha feito uma faculdade que tanto desejava. Decidi fazer bacharel em Ciência Contábeis.

Naquela época, eu ganhava R$ 300,00 de salário e a mensalidade do curso era R$ 200,00. Para me organizar financeiramente, fiz um combinado com minha irmã. Eu dei um consórcio de uma moto, com dois anos pagos, para morar com ela por dois anos sem ter despesas com alimentação e moradia. Comprei duas camisetas de uniformes para ir para a faculdade e não me sentir envergonhada, pois eu não tinha tantas roupas.

Eu trabalhava 8 horas por dia, andava em média 16km de bicicleta de segunda a sábado. À noite estudava, ia de bicicleta e voltava sozinha e com muito medo, em uma rua isolada e escura. Algumas semanas depois, uma colega de sala, chamada Raquel (anjo), da qual sou muito grata, me ofereceu uma carona, para o meu alívio, foi assim por alguns meses até mudarmos para uma casa atrás da faculdade.

Depois de 1 ano, já cansada de não ter dinheiro para comprar o que desejava, decidi pagar o dízimo com o que me sobrava. Minha amada mãezinha, que já não se encontra mais conosco, nos ensinou a importância de doar para a obra do Senhor. Eu fiz acreditando em um milagre, e por incrível que pareça, naquele mesmo mês, minha irmã (anjo), soube que tinha vaga de Contabilidade na Universidade Federal de Rondônia. Eu não sabia que isso era possível.

Consegui fazer a transferência naquele mesmo mês e completei o curso que durou no total de 5 anos. Isso para mim foi um grande milagre, pois meu salário ficou livre para realizar outros sonhos, como o de comprar uma moto para andar, o que fiz logo em seguida.

Ser decidida e persistente foi fundamental para conseguir conquistar meu sonho de ter uma faculdade. Aprendi com essa experiência que, quando tomamos uma decisão, as condições acontecem. Eu me preparei por apenas 2 anos e, em 1 ano, Deus me ajudou a conseguir de forma gratuita o restante. Depois de 5 anos, eu tive a honra e o prazer de fazer minha formatura e jogar a boina pra cima, esse era um grande desejo meu.

Não importa o quanto a jornada pareça difícil,
você só precisa começar e acreditar que vai conseguir.
Deus conspira a favor daquele que é constante em sua
caminhada. Nunca desista na metade do caminho, vai até o fim e
sentirá o gostinho da vitória que tem um sabor inesquecível.

Após terminar a faculdade, eu escolhi viver uma das maiores e melhores experiências da vida. Quando eu tinha 28 anos, decidi fazer um trabalho voluntário de tempo integral como missionária, vendi uma casa que tinha e doei a moto para fazer a obra do Senhor. Por 1 ano e meio, em São Paulo, fiquei dedicada totalmente para a evangelização.

Mas, antes de ir para a missão, eu já me achava preparada para ter uma família, mas não tinha namorado na época. Então eu conversei com Deus, em uma oração sincera falei para Deus que quando eu voltasse da missão, queria me casar em 1 ano, porque queria ter filhos e não poderia demorar muito tempo. Naquele momento, eu pedi com muito desejo e determinação o que eu queria e fui para a missão em São Paulo. Foi um grande aprendizado, as experiências que vivi me ajudaram e vão me ajudar o resto de minha vida, em como saber conduzir minha vida e a minha família com mais sabedoria.

Voltei para casa em julho de 2006 e me casei em junho de 2007, exatamente 1 ano depois, como havia pedido para Deus. Essa experiência me ajudou a entender que tudo o que pedimos com Fé, sem duvidar, nós receberemos.

"Pedi, e dar-se-vos-á; buscai, e encontrareis;
batei, e abrir-se-vos-á.
Porque, aquele que pede, recebe; e, o que busca, encontra;
e, ao que bate, abrir-se-lhe-á."
Mateus 7:7,8

Ao buscar preencher um vazio, encontrei o meu propósito

Você já se sentiu vazia, como se faltasse algo em sua vida e você não consegue identificar o que é?

Então, isso aconteceu comigo. Depois de alguns anos, constitui minha família, tive 2 filhos. A rotina era cuidar de casa, marido, filhos, trabalhar fora. Resolvi fazer faculdade e pós-graduação juntos e isso foi me deixando bastante acelerada. Como eu não cuidava do meu emocional, comecei a ter problemas de saúde, pressão alta, coração acelerado e sono sem qualidade. Com o tempo, isso começou a afetar meu humor, pois ficava irritada com facilidade, dores de cabeça constante, dores no corpo, falta de ar e crise de ansiedade.

Depois de fazer exames e não encontrar nada físico, decidi pesquisar e cheguei à conclusão que era *ansiedade*. Então comecei a questionar os meus pensamentos.

Percebi que algo que me afetava muito, era ter muita dó das pessoas e desejar ajudá-las sem ser profissional. Trazia a dor delas para mim, me fazendo sentir responsável e fracassada. Também comecei a me sentir triste e vazia, sempre com a sensação que faltava alguma coisa. Não me sentia satisfeita profissionalmente, estava perdendo a alegria da alma. Isso começou a me incomodar e na busca de conhecimento, conheci o primeiro pilar da inteligência emocional.

1- Autoconsciência: reconhecer as próprias emoções

É se conhecer, ter mais consciência das suas emoções, analisar e saber como você reage frente aos estímulos que acontecem no seu dia a dia. Essa é a chave. Eu percebi que meu comportamento estava diferente e procurei ajuda para saber lidar com essas emoções.

Então, ao procurar entender minhas emoções, conheci o poder da gratidão. Comecei a fazer um curso com exercícios de 33 dias de gratidão e foi aí que tudo começou a mudar, porque quando praticamos gratidão, nós temos uma mudança de olhar, passei a desenvolver o segundo pilar da inteligência emocional.

2- Saber lidar com as emoções

Isso está relacionado ao autocontrole. Aprender a lidar com as emoções vai fazer com que você reaja de maneira mais equilibrada em cada situação, evitando que adoeça emocionalmente e fisicamente. Uma boa atitude é aprender a ser otimista, procurando enxergar sempre o lado positivo das coisas.

Então, a partir do momento em que eu comecei a praticar exercícios de gratidão diariamente, comecei a mudar o olhar, parei de olhar a falta e comecei a olhar e agradecer por tudo o que tinha ao meu redor: natureza, família, saúde, trabalho e os meus bens materiais. Então, uma magia aconteceu: tudo começou a ter mais valor e sentido para mim, passei a desenvolver o terceiro pilar da Inteligência emocional.

3- Reconhecer a emoção dos outros

Empatia é procurar experimentar de forma objetiva e racional o que o outro sente, a fim de tentar compreender seus sentimentos e suas emoções. Reconhecer quando as pessoas ao seu redor não estão bem (família, colegas de trabalho, seu chefe, amigos). Ao praticar exercícios de gratidão, me tornei uma pessoa mais empática e comecei a praticar o quarto pilar da Inteligência emocional.

4- Saber lidar com as emoções dos outros

Entender as emoções das outras pessoas e saber se relacionar é fundamental para criar um ambiente positivo, melhorando a qualidade de sua vida e das pessoas ao seu redor.

Quando comecei a ser mais grata e carinhosa com as pessoas ao meu redor, meus relacionamentos melhoraram muito, principalmente meu relacionamento familiar. Entendi que "a gratidão é o poder de Deus em nossas mãos".

Em algumas semanas de exercícios de gratidão, diariamente, percebi que fiquei mais motivada, que é o quinto pilar da inteligência emocional.

5- Ser responsável pela sua motivação

Motivação é a inteligência de saber manejar e buscar emoções para se manter no foco. Não terceirizar suas emoções aos outros. Aprendi que a felicidade é uma escolha, então a partir desse conhecimento, estou sempre procurando motivos para me sentir feliz e completa.

"Quando praticamos gratidão, a mente entende que você está satisfeito e estimula os hormônios positivos, responsáveis pela alegria, prazer, afeto, felicidade e dor. Estimulando quimicamente o nosso corpo de uma forma positiva e incrível." Dra. Fernanda Paleo da Silva

A chave para desenvolver sua inteligência emocional está em começar imediatamente a praticar gratidão. Um dos exercícios mais poderoso é anotar todos os dias 10 motivos pelos quais você é grato. O resultado vale o esforço. Que tal começar a convencer-se?

Para terminar gostaria de dizer que: você escolhe o seu destino. Começando mudando os seus pensamentos, ao escolher agradecer em vez de reclamar, você terá sua vida transformada. Eu mudei meus pensamentos e encontrei meu propósito, que deu total sentido à minha vida. Aquele vazio que sentia, desapareceu.

Hoje, escolha triunfar. Escolhendo agradecer, sua vida será transformada.

A gratidão é o poder de Deus em nossas mãos.

Lenir Costa

LETÍCIA TORZECKI

15

De advogada pós-graduada à dona de franquias bem-sucedidas, premiada. Letícia Torzecki soube buscar o perfeito equilíbrio na vida pessoal e profissional. Multifranqueada da Ri Happy e Valisere, casada e mãe de 2 filhos.

A empresária divide o seu tempo como palestrante e uma das gestoras do "Somos Empreendedoras", um coletivo feminino dedicado a elevar as mulheres para o próximo nível.

Além das seis lojas que comanda, Letícia está investindo na sua formação como palestrante e mentora. Seu objetivo? Proporcionar, por meio da sua vivência na prática, que outras pessoas cresçam como donas de seus próprios negócios e, para isso, é preciso ter planejamento, foco e muita resiliência.

@leticia_torzecki
Letícia Torzecki
(21) 982334500
pestanaleticia@hotmail.com

OS DESAFIOS DE UMA EMPREENDEDORA DE SUCESSO

Por Letícia Torzecki

Desde que comecei a investir na minha trajetória profissional como estudante de Direito, eu já buscava a dedicação incondicional em tudo o que fazia. A prova disso foi a conquista de um estágio na Eletrobrás, quando ainda era apenas uma caloura na universidade. A vitória seguinte foi o convite para preencher uma vaga no Villemor Amaral Advogados, um dos mais requisitados escritórios de advocacia do Rio de Janeiro. Mais tarde, acabaria sendo transferida para a sede do escritório em São Paulo e foi nessa empresa que conquistei o meu primeiro cargo de liderança.

Nessa época, eu já trazia comigo a semente do empreendedorismo, essa que se manifestava no meu desejo de ir sempre além, buscando novos desafios. Por isso, tão logo eu soube do processo seletivo da JBS Friboi na capital paulista, pensei que poderia ser uma oportunidade ímpar de mostrar a minha versatilidade. Dentro dessa empresa, rapidamente percebi que precisava me superar e resolvi criar o projeto "Boi a termo", que resguardava a multinacional de acordos descumpridos pelos seus clientes.

A vida profissional ia de vento em popa quando descobri que estava grávida da Alice, minha primeira filha. A maternidade me fez reavaliar a minha rota e, principalmente, repensar em como assumir com excelência esses dois papéis: o de mãe e o de profissional.

Neste momento da minha vida, passei a pensar não tão somente no presente, mas no futuro que eu queria para mim e para a minha família. O desejo de voltar para a minha cidade de origem, Niterói/RJ, foi ficando cada vez mais forte e o único meio que possibilitava esse retorno era vender tudo que tínhamos, incluindo o tão sonhado apartamento no nobre bairro paulista dos Jardins.

O valor captado com a venda dos bens seria utilizado para investir em um negócio próprio, mas ainda não estava convicta de qual seria o segmento. A partir daí, foram muitas buscas frustradas pela franquia que julgava ser a ideal. Firmei contratos malsucedidos pelo simples desespero de querer abrir logo a minha empresa. Por um momento, pensei em desistir e decidi voltar para São Paulo e retomar a minha vida no mundo corporativo. Por acaso do destino, a partir de um anúncio do jornal, tomamos conhecimento de que uma marca importante no segmento de brinquedos estava ingressando no segmento de franquias.

Minha identificação com a marca foi instantânea e me tornei uma das primeiras franqueadas da Ri Happy, aplicando tudo o que eu tinha nesse negócio. O local escolhido foi Itaboraí/RJ, uma cidade muito promissora devido à inauguração do Complexo Petroquímico do Rio de Janeiro. Mas, assim que inaugurei a minha loja no Shopping Itaboraí Plaza, ocorreu uma das maiores crises do país que encerraria totalmente as atividades do COMPERJ na cidade. Rapidamente, percebi que mais do que uma bela vitrine com brinquedos atrativos, eu precisaria de muita criatividade para driblar essa situação inesperada. A resiliência e agilidade foram decisivas na estratégia de *marketing* que adotei, transformando a minha loja no primeiro *delivery* de brinquedos do país. Passei a vender pelo WhatsApp e a entregar pessoalmente o meu produto de porta em porta.

Toda essa proatividade me rendeu o prêmio de "Franqueada destaque" e pude orgulhosamente presenciar a minha ideia sendo repercutida para todas as lojas da franquia. Ou seja, no cenário de extrema escassez, a positividade consolidou a minha força empreendedora, me impulsionando a buscar soluções para o problema, ao invés de me lamentar. Em seguida, abri mais três lojas da franquia no bairro de Icaraí e na Região Oceânica de Niterói e mais adiante, pensei em diversificar os negócios, cuidando não somente da diversão das crianças, como também da autoestima das suas mães.

Essa ideia surgiu quando eu mais focava no negócio e menos em mim. No dia da inauguração de uma das minhas lojas de brinquedos, estava exausta com tantos afazeres e prazos estourados. Eu não podia mais adiar a abertura da loja. Foi nesse momento que recebi um *body* como presente de uma amiga. A partir daí, deixei de lado o uniforme que sempre usei para incorporar a imagem de uma mulher de negócios. O encantamento pela marca que eu vestia superou as minhas expectativas e restabeleceu a minha autoconfiança. Decidi ampliar horizontes e investi na *Valisere Niterói*.

Atualmente, tenho quatro franquias no segmento de brinquedos e mais duas no de moda íntima, todas em Niterói e Itaboraí, no qual emprego um quantitativo de mais de 50 colaboradores. E quando me perguntam como eu faço para administrar minhas horas, assumindo o papel de empresária, mulher, mãe e gestora do "Somos Empreendedoras', digo que preciso de muita organização e atenção aos processos, sem nunca esquecer do meu propósito. O importante para o sucesso de qualquer negócio é conhecer profundamente cada etapa dele. Afinal, como você vai delegar algo que não sabe fazer?

Outro segredo é dispor de uma boa equipe de vendas, totalmente afinada com os seus objetivos e metas. Para isso, é preciso investir em treinamento, incentivos e acompanhar a produtividade de cada membro da sua equipe. Na outra ponta, a experiência do cliente é fundamental na consolidação do negócio e, nesse ponto, o encantamento é o nosso diferencial.

Outra ferramenta decisiva para uma gestão de qualidade é o Demonstrativo de Resultado Financeiro – DRE. Esse relatório contábil permite que você acompanhe todas as operações da sua empresa e consiga separar aquelas que estão gerando lucro das que representam prejuízo. Identificar qual é o custo da sua operação envolve ainda um levantamento dos custos fixos e dos custos variáveis, contribuindo com a informação precisa sobre qual é a margem ideal da sua operação. O controle de estoque, a gestão financeira e o sistema de controle de recebimentos e pagamentos completam as ferramentas consideradas essenciais para o seu negócio.

Metas claras e objetivas são fundamentais para a gestão da sua empresa. No caso dos seus fornecedores, a prontidão nos compromissos assumidos é o que garantirá muitas portas abertas; em especial, quando o assunto é a negociação das melhores margens nos valores dos produtos. Se você consegue um preço de venda (*markup*) mais atraente ao seu cliente, com lançamento de promoções e ofertas imperdíveis, terá garantido a constante presença dele na sua loja e, consequentemente, um aumento do seu faturamento.

Entender dessa perfeita engrenagem é um desafio, mas quando você assimila a sua importância e trabalha persistentemente para manter tudo em ordem, pode ter certeza de que garantirá a permanência da sua empresa no mercado por longos anos. Eu sempre digo que o empreendedor precisa de muita energia positiva, persistência e força de vontade para continuar crescendo e se aprimorando frente aos desafios que vão surgindo ao longo do tempo. E, acima de tudo, nutrir o amor pelo seu negócio, entendendo o poder de transformação que ele representa tanto para você, quanto para os que estão à sua volta.

Nos últimos anos, tenho acompanhado um grande interesse das pessoas em conquistarem a sua independência financeira, abrindo o seu próprio negócio, sobretudo, quando o assunto é franquia. Entretanto, procuro alertar que existem alguns requisitos a serem preenchidos a fim de que a iniciativa seja bem-sucedida. A minha primeira orientação para elas é que encontrem um negócio que realmente se identifiquem, pois, o prazer em dedicar a sua vida a algo que realmente você gosta é um passo decisivo para que dê certo. Em seguida, desenvolver um plano de negócios coerente com os seus anseios.

No universo das franquias, essa escolha precisa ser ainda mais assertiva, porque ela envolve muito mais custos. Nesse caso, os aconselhamentos básicos para que fiquem atentos à Circular de Oferta de Franquias (COF), com a finalidade de conhecer as oportunidades e jamais deixe de checar junto à Associação Brasileira de Franquias se a franqueadora está devidamente certificada. Conversar com outros franqueados sobre os seus negócios também pode ser uma atitude assertiva, pois um bom *feedback* pode te livrar de muitas ciladas.

Eu sempre acreditei que a energia de empreender é que move o nosso negócio! Nesses últimos sete anos, desde que abri a minha primeira empresa em Itaboraí, tenho aprendido que o dinheiro não é o fim, mas sim, o meio que nos impulsiona para conquistar o nosso sucesso como empresários. Precisamos de planejamento, foco e nunca considerar que o lucro chegará ao mês seguinte da abertura da empresa. É necessário muito trabalho e dedicação para alcançar os resultados esperados, mas, no final, o prazer de trabalhar em prol do seu crescimento pessoal e da sua família é extremamente satisfatório.

Quando eu me vi no papel de mãe, hoje com um casal de filhos, Alice e Joaquim, percebi que precisava vislumbrar um futuro confortável e seguro para a minha família. Você entende que existem outras pessoas que dependem da sua saúde e da sua força para garantir um ambiente ideal ao seu crescimento e desenvolvimento. Da mesma forma, é a sua empresa: um "filho" que depende da sua dedicação e comprometimento. Isso sem falar no sustento das inúmeras famílias dos seus colaboradores que você garante com o seu negócio.

É esse efeito multiplicador que trago como lição de vida. No final, você vai entender que a vida só tem sentido, quando fazemos o que amamos e quando conseguimos nos cercar das pessoas que nos alimentam com a sua amizade e consideração. Por conta disso, tenho investido na minha formação como mentora de pessoas que queiram percorrer esse caminho, alcançando novos níveis de crescimento pessoal e profissional. O meu papel como uma das gestoras do Somos Empreendedoras tem reforçado a minha pré-disposição em trabalhar em prol do coletivo.

Se eu consegui conquistar uma posição de excelência nos meus negócios, quero contribuir para que outras pessoas também possam alcançar voos tão prósperos quanto o meu. O primeiro passo importante nesse caminho é acreditar em você e trabalhar firmemente em busca da realização dos seus sonhos.

O importante para o sucesso de qualquer negócio é conhecer profundamente cada etapa dele. Afinal, como você vai delegar algo que não sabe fazer?

Letícia Torzecki

MARCIANE SANTO

16

Sou Marciane Costa do Espírito Santo, filha da minha amada mãe Maria de Fátima, uma inspiradora mulher que me guia para grandes conquistas. Mãe apaixonada do Davi e Daniel, para eles e por eles, me entrego na construção de um mundo melhor.

Ocupo a função de diretora do Serviço de Apoio às Micro e Pequenas Empresas – SEBRAE/AP, entre outros, todos os papéis exercidos são voltados para o desenvolvimento humano, com um olhar prioritário para meninas e mulheres. O meu propósito de vida é ativar o poder transformador que habita dentro de cada um de nós.

Marciane Santo
Marciane Santo
(96) 98411-3484
marcianesanto@gmail.com
www.marcianesanto.com.br

COMO VENCER CRENÇAS LIMITANTES EM 5 PASSOS

Por Marciane Santo

Nasci no extremo Norte do Brasil, no estado do Amapá, única capital brasileira cortada pela linha imaginária do Equador e banhada pelo majestoso Rio Amazonas e em plena Amazônia. Aqui, temos mulheres fortes e corajosas na beira dos rios, nas florestas e nas cidades; juntas, promovemos uma grande revolução do conhecimento e buscamos conquistar dias melhores para a nossa geração e para as gerações futuras. Desenvolver pessoas com foco em mulheres é minha missão, tenho dois projetos, onde atuo como presidente fundadora do Instituto Recomeço e idealizadora do projeto "Mulheres que Inspiram Mulheres".

Venho de uma família liderada por uma grande mulher, minha amada mãe Maria de Fátima; ela foi a minha grande inspiração, através do seu exemplo de vida e de empreendedorismo pude formar o meu caráter, construir os meus valores, fortalecer meus sonhos e despertar a minha mentalidade empreendedora.

Eu e os meus irmãos Patrícia e Joelb, acordávamos bem cedo com um delicioso cheirinho de pão quentinho que exalava por nossa casa, aqueles pães seriam vendidos ao longo do dia, no estabelecimento comercial dos meus pais. Aquele cheirinho delicioso que ativava a nossa fome, também era o cheirinho do "despertar" para o dia que começava e com ele nascia a oportunidade de conquistarmos uma vida melhor através dos nossos próprios meios, baseados em muito trabalho, superação e vontade de vencer.

Assim como a minha mãe liderava a nossa casa na década de 80, hoje aproximadamente 48% dos lares brasileiros são chefiados por uma mulher e vem delas o seu próprio sustento e o sustento dos seus filhos. Somos multitarefas com uma capacidade inigualável de realização, com muita garra, força e resiliência. Conhecemos muito sobre as nossas responsabilidades e cobranças, mas, pouco sobre nós mesmas. O autoconhecimento tão propagado ultimamente é fundamental e determinante para a nossa performance pessoal e profissional, manter o foco diante de tantas atividade e obrigações é um grande desafio.

Assumir o protagonismo das nossas vidas é um desafio que deve nos mover incansavelmente. Nós somos forjadas pelas lutas do nosso tempo, temos o dever de mudar a nossa história e auxiliar no processo de desenvolvimento de outras pessoas através do nosso exemplo.

Você sabe aquela vozinha que insiste em aparecer em momentos de tomada de decisão e nos deixam em dúvida? Pois é, é a vozinha das suas crenças limitantes:

- Isso não é para mim... Felicidade dura pouco.
- Sou velha demais para isso... Eu não consigo.
- Não sou boa para matemática... Não sei ganhar dinheiro.

Você se identificou reproduzindo algum dos pensamentos citados? Certamente sim, veja que aquilo que nós acreditamos, determina as nossas escolhas de forma inconsciente. Mesmo de forma inconsciente, esse modelo de pensamento está presente em nossas vidas. Ele faz com que duvidemos da nossa própria capacidade e coloca um ponto de interrogação ao final de cada frase ou um "não" no início.

Crenças Limitantes, o que são?

São as convicções que nos limitam, ou seja, que reduzem o nosso alcance em termos de desenvolvimento humano. Crença é a ação de crer, de acreditar, relativa a algo em que um indivíduo acredita. A crença está acima do conhecimento e da verdade.

Isso porque as pessoas creem em algo mesmo sem evidências ou comprovações. É como se fosse um saber próprio, que nem sempre consegue ser justificável. Geralmente, essa confiança advém de aspectos culturais e é interiorizada a partir das crenças de pessoas do nosso próprio convívio, especialmente na tenra infância.

Também são comuns após experiências traumáticas, marcantes e inusitadas como no meu caso, que carreguei por anos uma crença limitante clássica. Eu tinha um grande amigo de escola chamado Denis

Quintas, ele era "fera" em matemática e eu me achava péssima, ao ponto de estudar, estudar e esquecer tudo na hora da prova de tão nervosa que eu ficava. Denis então, era convocado por mim para me "auxiliar" nas provas, afinal eu "acreditava" que não era boa com os números, que nunca iria aprender matemática e que eu só iria tirar notas baixas mesmo estudando com dedicação.

Com o passar dos anos, já na vida adulta, tanto dentro da minha empresa quanto na gestão da minha casa, passei a delegar as finanças, ou seja, os números, eu continuava a reproduzir um comportamento prejudicial em função da minha crença limitante de não gostar de matemática e por consequência não dominava as finanças.

A pessoa que tem crença limitante não tem a coragem necessária para enfrentar um desafio, para ousar e para realizar, acaba se acomodando à situação atual, fica presa à zona de conforto e passa a vida questionando sobre o que poderia ser diferente se conseguisse arriscar. A grande questão que envolve as crenças limitantes é justamente a dimensão que elas atingem e a forma que comprometem negativamente a satisfação e o sucesso de um indivíduo.

Agora chegou o momento de compartilhar com você como eu mudei a minha condição restrita pela crença limitante que insistia em me acompanhar e me tornei uma mulher independente, realizada, segura e memorável. Deixe os pensamentos sabotadores para trás de uma vez por todas em 5 passos:

Passo 1 - Reconhecer e identificar as crenças limitantes existentes

Para vencer as suas crenças limitantes, você precisa entender o que são e os atrasos que elas podem causar na sua vida. Uma vez identificada de forma consciente, inicia-se a autorreflexão e o exercício constante do autoconhecimento, uma espécie de viagem pela trajetória já percorrida até aqui em busca da origem de tal crença.

Identificá-las é um processo complicado e pode também ser doloroso para algumas pessoas, algumas lembranças ficaram esquecidas em nossa memória e deverão voltar aos dias atuais.

Passo 2 - Descobrir a origem das crenças limitantes

Estamos falando de uma verdadeira volta ao passado para encontrar as causas, a motivação, a origem de tudo. Quais são as causas que levam você aos medos, inseguranças e demais comportamentos típicos de crenças limitantes?

Para essa prática, temos que ter cuidado para que o sofrimento causado lá no passado não seja revivido no presente. Não se deve remoer, resmungar ou questionar, apenas ter a consciência e identificar, saber a origem. Grande parte das pessoas encontra as causas das crenças limitantes na infância, com base em experiências traumáticas e constrangedoras, mas é importante ressaltar que independentemente das razões, descobrir as raízes das crenças limitantes é o que possibilitará entender os impedimentos atuais da sua limitação e buscar a mudança desejada.

Passo 3 - Aceitar que as crenças existem e se autorresponsabilizar com a mudança

Eu, você e todos nós possuímos crenças limitantes. Isso não é exclusivo a um determinado grupo social, faixa etária, ou perfil comportamental, além disso, as crenças são diversas e podem estar relacionadas a assuntos distintos e variados, mas uma coisa é certa, precisamos resolvê-las.

Um erro bastante comum das pessoas é a síndrome do vira-lata, é se diminuir e achar que é menos do que o outro, por ter medos e concepções diferentes dos outros. Deve-se, sim, aceitar as crenças existentes e compreender que elas representam as características pessoais e as vivências anteriores de cada um de nós, as experiências vivenciadas contribuírem de forma significativa para a formação de quem somos.

O que não podemos permitir é o conformismo. Afinal, se algo é prejudicial e impede o nosso crescimento, precisa ser corrigido imediatamente. Portanto, é fundamental, além de reconhecer as crenças, acreditar em si mesmo e na capacidade de promover as mudanças necessárias.

Passo 4 - Substituir as crenças limitantes por crenças edificantes

Livrar-se de crenças limitantes é um processo que exige empenho, dedicação e pode levar tempo. Até porque, muitas delas nos acompanham há anos e anos.

Uma técnica poderosa para vencer essas convicções que atrapalham a evolução pessoal consiste em realizar substituições. Tire uma crença limitante e substitua por uma crença edificante.

Após a identificação das suas crenças limitantes, faça o exercício de substitui-las por crenças edificantes. Exemplo: " Eu não consigo" por "Eu consigo tudo aquilo que eu desejo". Ou "não tenho habilidade para desempenhar essa tarefa" por "eu tenho diversas habilidades que podem me ajudar a realizar essa tarefa".

Aos poucos, você vai eliminando todas as suas crenças limitantes e dará espaço para uma vida próspera alicerçada em suas crenças edificantes.

Passo 5: Ajustar o modelo mental

A substituição de crenças limitantes por crenças edificantes é um importante exercício para vencer os comportamentos sabotadores que insistem em surgir em nosso dia a dia. Pode-se dizer que promover uma nova configuração mental, ou ajustar o *mindset*, é imprescindível para aqueles que desejam ter uma vida memorável.

A mente deve ser condicionada a acreditar nessa nova realidade, ou seja, visualizar o que se deseja alcançar e fazer com que o cérebro trabalhe para que os resultados sejam atingidos.

Considerando que somos a média das 5 pessoas com as quais mais convivemos, sugiro que você avalie as pessoas que lhe cercam atualmente, reveja os ambientes, grupos sociais, veja se elas contribuem com a pessoa memorável que você está se tornando.

Vamos lá, não tenha pressa, mas também não perca a hora de construir a pessoa que você verdadeiramente deseja ser. O poder transformador está dentro de cada um de nós. Sonhe, ouse e realize, afinal viver é melhor que sonhar!

O poder transformador está dentro de cada um de nós. Sonhe, ouse e realize, afinal viver é melhor que sonhar.

Marciane Santo

17

MÁRCIO BELÉM

Empresário, palestrante, mentor e especialista em ajudar empreendedores a dobrar os seus lucros.

Fundador e CEO – da empresa Distribuidora Renascer e do Método NPS - Negócios Prósperos e Sustentáveis.

Após desenvolver e testar seu método, em 2020 recebeu no evento PPG-EXPERIENCE uma placa para celebrar mais de 1 milhão em faturamento, registrando um crescimento acima de 380%.

Marciobelembarbosa
Marciobelembarbosa
Marciobelembarbosa
(63) 99201-3993
marcio.bb.pessoal@gmail.com

HERÓI DA PERSISTÊNCIA

Por Márcio Belém

Eu nasci em Araguacema Tocantins, e a gente morava no interior, na roça. Para tirar o sustento para sobreviver, o meu pai plantava milho, arroz e mandioca. Eu via aquele trabalho duro do meu pai e da minha mãe no sol e tudo que eles faziam mal dava para comer. Fui crescendo e imaginava que existia uma outra forma de trabalhar, que existia outra forma de viver e eu queria encontrar.

Aos meus 14 anos, fui trabalhar em uma plantação de abacaxi. Quatro anos depois, minha mãe comprou um trator e foi aí que eu vi uma oportunidade de alugar esse trator para a construção de uma agrovila. Nesse aluguel, minha mãe ganhou uma importância de 1.500,00 reais. Eu virei para ela e falei: "Mãe, a senhora me empresta esse dinheiro?" Ela respondeu: "Pra quê você quer esse dinheiro?" Eu respondi: "Mãe, eu vou montar uma mercearia".

Ela me emprestou o dinheiro e eu falei com a tia Maria sobre essa ideia e ela comprou a mercadoria para mim e montei a mercearia. O negócio deu certo, ganhei dinheiro, só que 3 anos depois, quebrei pela primeira vez! Três meses depois, montei outra mercearia e quatro anos depois quebrei de novo.

Depois de 4 meses parado, a minha irmã Marciléia, morando em Palmas Tocantins, me ligou e perguntou o que eu estava fazendo, eu respondi que estava parado e ela falou, "Vem pra cá!" Então resolvi ir para lá. E ela falando comigo: "Por que você não fica aqui? Por que você não abre outra mercaria aqui e começa de novo?" Eu respondi: "Ah, mas eu tô sem dinheiro, sem financeiro", então ela contou para minha mãe.

Depois disso, a minha mãe me ligou e disse: "Márcio, vem passar o final de semana aqui" e eu fui. Eu acho que elas já tinham conversado, porque chegando lá ela me disse: "Márcio, começa de novo! Se você ficar lá em Palmas e começar de novo, eu vou pagar o primeiro aluguel pra você!" Eu vi o olhinho dela brilhar acreditando em mim. É tanto que aonde eu cheguei e aonde eu já fui, devo muito isso a ela. Ali eu pensei e falei: "Vou ficar!" Isso foi em 2010.

Paguei o aluguel com o dinheiro que ela me deu e comecei novamente outra mercearia. Com 1.650,00 reais que eu tinha deixado guardado com meu irmão José Maria, comprei quatro metros de gôndola, fiz uma vitrine de vidro pra colocar balinhas, comprei refrigerante, salgadinhos, balinhas, cinco itens de um produto, dois de outro e coloquei naquela gôndola. Trabalhava e fui girando aquilo ali, foi dando resultado, ali as coisas foram dando certo e fui crescendo.

Já em 2016, comprei a segunda loja, mas eu comecei a me perder no controle e fui vendo as coisas tomarem outra direção. Nessa época eu vendia muito, com um custo operacional muito grande. As margens de lucro muito pequena e a conta não fechava. Eu usava muito limite de cheque especial, capital de giro e empréstimos com terceiros. E ali estava caminhando do mesmo jeito que já tinha acontecido.

Nesse período, recebi uma proposta de uma pessoa que estava sempre próxima a mim. E ele me falou: "Márcio, vamos fazer uma parceria, um negócio, vou injetar dinheiro na sua empresa! Porém, você tem que vender uma das empresas e ficar só com uma, porque você não dá conta de duas empresas." Pois bem, vendi a segunda empresa que comprei por 807 mil reais e vendi por 100 mil reais, ficando só com uma empresa. E fechei a parceria.

Quando foi em janeiro de 2019, fizemos os documentos passando os direitos e poderes para ele. Resumindo, MÊS DOIS DE 2019 FUI EXPULSO DO MEU PRÓPRIO NEGÓCIO e eu fui expulso sem nenhum centavo. O meu sócio virou pra mim e falou: "Márcio vai embora daqui. Você não consegue recomeçar de novo! Ninguém confia mais em você! Você está muito endividado! Não tem mais crédito! As pessoas não acreditam em você!" Virei pra ele, baixei a cabeça, olhei no olho dele e falei: "Rapaz, eu tenho uma esposa e um filho pequeno, eu não tenho dinheiro guardado, não tenho nenhuma reserva." Ele falou assim: "Vou fazer melhor pra você, passa aqui que eu vou pagar três meses de cesta básica pra você."

Aquele foi um momento que doeu demais em mim.

Então eu falei: "Eu não vou pra lugar nenhum, vou recomeçar de novo, porque o que eu sei é trabalhar, por que minha mãe me ensinou. Eu vou dar a volta por cima, vou mostrar que o senhor está enganado". Eu passei 4 meses parado, como se tivessem tampado minha vista, eu só enxergava pertinho, não via de jeito nenhum o que poderia fazer.

Eu pensei: "Será que o meu destino é descascar abacaxis?" Imagina você numa situação desta. "Quantos abacaxis eu vou ter que descascar?" Fornecedores, colaboradores, bancos e o sustento da casa. Passei uma noite acordado, pensando em tudo o que aconteceu na minha vida para trás, foi aí que vi que todos os meus erros se repetiam. Esse e vários outros pensamentos tomavam minha mente, era como se eu tivesse voltado no tempo. Como se eu estivesse vendo uma fita de vídeo da minha própria vida.

A ficha caiu, eu precisava de ajuda!

Tomei uma nova decisão e fui procurar algumas coisas no YouTube sobre empreendedorismo, logo eu que não tinha terminado nem o Ensino Fundamental e que estudei só até a 4ª série. Me vi em uma situação que eu precisava estudar, aprimorar meus conhecimentos e encontrei um vídeo da Tathiane Deândhela e Geraldo Rufino. Me Identifiquei muito com aquele conteúdo e aquele vídeo reacendeu a chama novamente.

Busquei conhecimento, iniciei uma verdadeira imersão. Vídeos no YouTube, lives no Instagram, livros, palestras e cursos. Descobri uma grande verdade: meu negócio dependia da minha força, fé, conhecimento e persistência.

Decidi recomeçar de um jeito diferente! Reiniciei um novo negócio sem um tostão no bolso e com uma dívida de dois milhões de reais pra pagar. Um novo desafio, uma nova visão, mentalidade nova; peguei uma caneta e um bloco de pedidos e saí para vender produtos de supermercado. Só que eu não tinha os produtos. Visitei pequenos mercados, bares, restaurantes, lanchonetes, só que não foi fácil. Quando eu chegava na frente da loja, passava direto e parava lá na frente. Não tinha coragem para parar, sentia vergonha.

Só que eu sentia Deus tocar no meu coração pra eu voltar e oferecer os produtos. E ali começaram os primeiros pedidos. E como eu iria entregar? Fui correr atrás para arrumar o produto para entregar. Peguei um cartão de crédito emprestado, ia nos Atacados, comprava a mercadoria e entregava para os clientes, fui fazendo isso. No primeiro mês, fui anotando em um caderninho usado que peguei do meu filho, tudo que era de entrada e saída.

Fechei a conta no final do mês e fiquei devendo R$829,80, então eu fiz uma reunião com meu time de vendas que era a minha esposa Leilâny e meu filho Márcio Junior de 7 anos. Esparramei na mesa toda aquela papelada e falei para eles: "Uma empresa para crescer, precisa gastar menos do que ganha! Precisamos, esse mês, pagar o que estamos devendo no valor de 829,80, e sobrar dinheiro no caixa."

No segundo mês, paguei o que estava devendo e sobrou dinheiro no caixa. No terceiro mês, devolvi o cartão e fui trabalhar com meu recurso próprio. Graças a Deus vi as coisas tomarem outra direção, para melhor. Eu trabalhava em média 15 horas por dia.

Quatro meses depois, comprei o primeiro curso da minha vida, um curso da Tathi, ela falava que qualquer conteúdo que eu me identificasse, eu consumisse. E foi o que eu fiz.

O resultado aconteceu! Um crescimento de 380%, em apenas 7 meses. Em 2020, tive o privilégio de ser convidado para palestrar por 5 minutos no evento PPG Experience, onde tinha mais de 200 empresários. Em julho de 2021, abri uma loja física, a Distribuidora Renascer, porque até então eu trabalhava somente com vendas externas.

Em agosto de 2022, no evento PPG Experience, comprei mais um livro da minha mentora Tathiane Deândhela, o *Faça Sua Comunicação Enriquecer Você* e ao começar a ler, tive uma grande surpresa. Encontrei um pedaço da minha história de vida dentro do livro. Foi mais uma conquista que tive! Gratidão.

Hoje, o meu projeto com a Distribuidora Renascer é expandir para várias unidades e até dezembro de 2022 já vamos para a segunda unidade, em parceria. Também faço palestras e mentorias para empreendedores, com tudo isso, descobri que é importante ter mentores e a minha empresa cresce todos os meses.

Meu convite para você hoje é: "Seja um herói da persistência! Seja fonte de inspiração por onde for."

Criei meu próprio método: NPS - Negócios Prósperos e Sustentáveis. Quero compartilhar com você as três estratégias de um negócio sustentável:

1 - Gere excelência no atendimento: ouça o cliente, interaja com eles e descubra as suas necessidades.

Lembre-se disso: se você não dedicar tempo e atenção ao seus clientes, advinha quem fará isso? Seu concorrente!

2 - Gerencie suas emoções: exercite a paciência, persista sempre e seja consistente.

Lembre-se disso: a paciência gera excelência e nos ajuda a tomar decisões melhores. A paciência nos ajuda a desperdiçar menos tempo, menos energia e menos dinheiro;

3 - O mapa do tesouro: faça o acompanhamento diário do negócio, crie seus indicadores de desempenho e lembre-se disso: você não é bombeiro para ficar apagando incêndio! Segundo Benjamin Franklin, energia e persistência conquistam todas as coisas.

Não deixe que os abacaxis no seu caminho te paralisem, pise neles e faça deles mais um degrau para você continuar avançando."

Quero fazer um pedido para você: reflita por alguns minutos e escreva os 3 maiores aprendizados que você teve com minha a história. Depois tire uma foto da página onde você escreveu e me marque no Instagram @marciobelembarbosa. Que Deus possa te abençoar grandemente por você ter chegado até aqui.

Obrigado!

Não deixe que os abacaxis no seu caminho te paralisem, pise neles e faça deles mais um degrau para você continuar avançando.

Márcio Belém

MARIO PIMIENTA

18

Eu sou Mario Rolando Pimienta, argentino naturalizado brasileiro, cidadão do mundo.

Professor, observador meteorológico, fotógrafo, massoterapeuta e modelo; trabalho voluntário como escoteiro e radio amador, me considero autodidata por resolver as coisas de acordo as minhas experiências e tomar decisões assertivas com equilíbrio emocional.

Minha dedicação deste livro aos meus ancestrais, meus pais *(in memoriam)*, minha irmã Norma Raquel e meus filhos: João Alejandro, Pablo Diego, Fabian Luis; aos meus irmãos do Movimento Escoteiro, meus irmãos radioescotistas, meus irmãos de luz. Que o Grande Arquiteto do Universo proteja a todos.

@mariopimientacoach
(31) 98303-0088
mariopimienta@gmail.com
castingdasestrelas.com.br/modelo/mario-pimenta/7608

HISTÓRIA DE SUPERAÇÃO

Por Mario Pimienta

Tudo começou no dia 23/05/1958, dia do meu nascimento, na cidade de Resistência, Chaco – Argentina. Meus pais tiveram 4 filhos, a minha irmã mais velha ainda é viva, a segunda faleceu ao nascer, eu sou o terceiro e a minha irmã mais nova faleceu após 10 horas de vida. Nós nascemos com incompatibilidade sanguínea e naquela época o procedimento era a transfusão de sangue, hoje o procedimento é muito simples. Com essa situação, eu me considero como um escolhido, tenho uma missão na terra.

Aos 7 anos, estudando em uma escola de primeiro grau, administrada por padres e freiras de uma Congregação Canadense, havia um projeto que se chamava "Mais por Menos" e esse projeto era para ajudar as pessoas da África. Quem tinha mais ajudava quem tinha menos, foi lá que eu encontrei o meu propósito de vida. Muitas pessoas chegam à vida adulta e não sabem qual é o seu propósito e eu encontrei ainda criança.

Nessa época, fui conhecer o movimento dos escoteiros e aos 13 anos tive que fazer uma escolha entre o grupo juvenil da igreja e os escoteiros, senti que tinha encontrado o caminho para eu poder viver o meu propósito de vida, por isso decidi ingressar no movimento escoteiro e faço parte até hoje. Fui galgando diferentes posições, adquirindo conhecimentos, experiências, habilidades e com isso me tornei líder na educação de outros escoteiros, muitos passaram pela minha coordenação e sinto que eu fui importante na trajetória deles.

Com 15 anos, eu ainda não tinha uma formação, passando por diferentes emoções, alegrias e tristezas, cheguei à conclusão de que eu precisava ter equilíbrio emocional, por causa das instabilidades dos meus sentimentos. Diante disso, utilizei várias series da TV para me espelhar: a primeira foi Jornada nas estrelas, tinha um personagem chamado Espoc; ele falava que o homem genérico comete muitos erros nos seus trabalhos e realizações por misturar seus sentimentos, essa era uma das frases dele que eu tomei como base para me inspirar.

Outro seriado foi o Kung Fu, que tinha como ator principal David Carradine, ele era um aluno no templo Shaolin e tinha que seguir o exemplo e os ensinamentos dos mestres. Eu fazia de conta que era aluno desse templo e aprendia outras coisas que ele ensinava, como a observação, a forma de caminhar e uma série de outras coisas. O outro seriado foi MacGayver, ele utilizava diversos materiais de uso comum para resolver várias situações. Utilizei também à música clássica, o canto gregoriano, os ensinamentos da igreja católica, meditação e reflexão. Dessa forma, quando estava passando por algum momento confuso ou de situações críticas, eu conseguia sobressair dessas situações.

Com 20 anos, eu passei por uma crise, eu vi na televisão muitas pessoas da África sendo mortas, o pessoal fazendo buracos enormes com retroescavadeiras, essas pessoas sendo carregadas como qualquer coisa e sendo enterradas, eu me senti impotente porque eu queria resolver os problemas do mundo. Naquela época, não havia profissionais como psicólogos, existiam professores; não existia o terapeuta, pelo menos onde eu morava, tive que recorrer ao neurologista, que logicamente é encarregado de tratamentos de psicopatias ou outros tratamentos. Naquele momento, ele me receitou medicamentos controlados de tarja preta e choques elétricos nas costas, achei que era algo radical demais e fui utilizar algo que, para a época, era inovador, a autoanálise. Então eu CHEGUEI À CONCLUSÃO QUE EU NÃO PODERIA RESOLVER OS PROBLEMAS DO MUNDO, MAS A MINHA PARTE EU TENHO QUE FAZER.

Eu não era profissional como um psicólogo, mas tinha muitas coisas favorecendo a minha vida e desenvolvendo o meu psicológico. Cheguei à conclusão que eu estava precisando de alta, então procurei o neurologista que estava me atendendo e disse que estava me dando alta.

Em 1978, aproximadamente, comecei minha coleção escoteira e nela constam selos de motivos escoteiros. Tenho essa coleção até hoje, recomendo e estimulo para que cada um tenha a sua coleção e assim, possa valorizar a sua vivência escoteira.

Quando eu era criança, adquiri o conhecimento de rádio escuta, ouvia rádios em ondas curtas, rádios de diferentes países, mas não sabia outras línguas, assim fui adquirindo alguns conhecimentos de línguas também. Em 1984, depois de ter passado por vários eventos de rádio e comunicação com o movimento dos escoteiros, decidi me tornar um rádioamador, essa é outra competência e habilidade que tem a ver com os escoteiros. Apesar da tecnologia já ter avançado muito, quando acontece um apagão e não tem o recurso de um telefone ou aparelhos modernos, em uma situação de emergência, é sempre recorrido à rádio comunicação, eu fiz uma parte da evolução dentro do rádio na Argentina e a outra depois no Brasil.

Vim para o Brasil em 1986, com ajuda de um amigo escoteiro. Esse amigo, nos tempos livres, participava de atividades do meu grupo e me convidou para participar em um evento de escoteiros aqui no Brasil chamado *Jamboree Farroupilha*, no parque Osório, Rio Grande do Sul. Fui intérprete, ajudando meus irmãos espanhóis falantes com o português e foi também onde eu conheci uma pessoa especial, com a qual me casei em 1990 e com quem tive três filhos.

Nós abrimos uma locadora de vídeo e o nosso destaque era o nosso cliente; criei o sistema de entrega em domicílio, sem custo algum, esse serviço não existia na época, algo inédito na cidade de Lagoa Santa/MG. Ela era militar da Aeronáutica e me levou ao aeroporto de Confins, onde estava dando curso. Naquela ocasião eu mentalizei que iria trabalhar no aeroporto.

Em 1994, eu recebi a minha cidadania brasileira em uma cerimônia. Eu fui o primeiro caso que houve na cidade, era um precedente enorme em relação à documentação e procedimento que tive que fazer sozinho, estudando as leis brasileiras. Primeiro consegui a permanência temporária, depois a definitiva, e em seguida a naturalização.

Eu comecei a fazer uso da minha cidadania como brasileiro realizando várias coisas, como por exemplo, na época das eleições, o trabalho voluntário como mesário, secretário e por muitos anos como presidente de mesa, até as eleições passadas. Eu colaborei também como júri no fórum de Lagoa Santa e ajudei a fundar um grupo escoteiro na cidade.

Eu fiz curso de vigilante e fui trabalhar no aeroporto de Confins depois de um ano e meio e passei para uma empresa de agente de proteção com controle e proteção de bagagem e passageiros. Algo que eu tinha mentalizado em anos anteriores. Depois, em 1997, fui trabalhar na Infraero como concursado e dos 37 aprovados eu fiquei em 13º colocado. Estando na Infraero, desenvolvi diversos trabalhos na área de segurança, em uma sala de monitoramento TVV, onde tinha o controle total do aeroporto; na sala de credenciamento, ajudei inclusive na instalação da empresa Gol e era muito trabalho.

Voltando um pouco a minha infância, eu morava do lado de um aeroporto nacional de Resistência e já sonhava em trabalhar nesse setor. Eu nunca imaginei que eu poderia trabalhar da forma que trabalhei, realizando trabalhos em vários setores dentro da Infraero e ainda por cima lidando com situações de extremo cuidado. Estar na Infraero era a realização de um sonho de infância, vivi muitos momentos e superei vários desafios. Havia chegado o momento de mudar e buscar novos desafios.

Antes de assumir o governo, Bolsonaro avisou que iria vender a empresa e, por esse motivo, em 2018 eu entrei na lista de demissão voluntária, por medo de ficar na rua e sem direito a nada. Utilizei meu dinheiro para pagar dívidas com banco, com cartão de crédito e aproveitei para quitar o meu apartamento que ficava em uma zona nobre de Belo Horizonte. Fiquei vivendo de investimentos de *Bitcoins* por um ano, paguei vários cursos como *Coaching*, palestrante e outros, já me preparando para uma transição de carreira. Depois desses cursos, participei de palestras no Rio de Janeiro, outras virtuais, *lives*, e agora estou fazendo Mentorias, pois já tenho conhecimento para desenvolver as pessoas que querem potencializar seus resultados.

Em 2019, recebi a primeira Honraria na Câmara Municipal de Niterói/RJ, recebi o Certificado de DESTAQUE CULTURAL, DESTAQUE SOCIAL E ATO DE BRAVURA por ter ajudado em um acidente aeronáutico. Me tornei EMBAIXADOR DA PAZ, recebendo a medalha de Comendador Internacional Rui Barbosa, a medalha e certificado, concedido pela Organização Mundial dos Direitos Humanos vinculada às Nações Unidas. Ainda em dezembro de 2019, fui certificado com medalhas do Embaixador Internacional da paz com a cadeira número 3, e Dr. Honoris Causa em Direitos Humanos. Em dezembro de 2021, a câmara municipal de Lagoa Santa me conferiu, no dia 15 de dezembro, o título de CIDADÃO HONORÁRIO. Nesse mesmo ano fiz ensaio como modelo, e ainda no mesmo mês, recebi a máxima formação escoteira, INSÍGNIA DE MADEIRA da União dos Escoteiros do Brasil.

Mas em 2022 tudo mudou, tive uma infecção no pé, passei por duas cirurgias de amputação, estou em recuperação e passando por mais um momento de superação em minha vida. Acredito que isso é apenas mais um obstáculo que irei superar, como todos os outros que já vivi. Desistir, jamais!

Depois da minha cirurgia no dia 25 de agosto, tive medo do que estava por vir, em qual lugar eu iria ficar para me recuperar, tudo se tornou incerto naquele momento, mas encontrei pessoas que, mesmo não me conhecendo, me ajudaram e estão fazendo a diferença, pois me ajudam muito até hoje, no hospital e aqui na casa de repouso onde estou. Inclusive, cito uma pessoa que não me deixou desistir de realizar o meu sonho, me ajudando a escrever mais um capítulo da minha história, minha amiga Elida Ferreira.

Eu não vou parar por aqui, tenho alguns sonhos a realizar e muito para compartilhar com outras pessoas. As escolhas que eu faço na minha vida servem como base para chegar aonde eu desejo e se eu consigo, qualquer um pode conseguir, acredite, inclusive você!

Cheguei à conclusão de que eu não poderia resolver os problemas do mundo, mas a minha parte eu tenho que fazer.

Mario Pimienta

MICHELE BRESOLIN 19

Muito prazer, sou Michele Peixoto de Siqueira Bresolin, sou gaúcha e tenho 45 anos. Na minha jornada acadêmica e profissional, me formei em Direito, sou advogada há 16 anos, minha especialização é na área criminal, tenho pós-graduação em Direito Penal e Processual Penal, especialização em Mediação e Negociação de Conflitos e sou eterna estudante em comportamento humano.

Na minha jornada pessoal, já fui divorciada 2 vezes, sou casada novamente há 7 anos com o Eduardo, tenho três filhas maravilhosas: Bruna, Cristiana e Eduarda. São elas a razão principal da minha resiliência. Enfim, sou mãe, esposa, advogada, professora, palestrante, empresária e empreendedora.

dramicheleadvogada
(51) 99599.4077
micheleadvocaciaespecializada@gmail.com
www.mimimifeitaparatodos.com

RESILIÊNCIA, O PRÍNCIPIO PARA NÃO DESITIR

Por Michele Bresolin

Pense em uma pessoa que já caiu e levantou diversas vezes nessa vida. Em uma pessoa que já teve grandes decepções com pessoas que deveriam apenas lhe proporcionar paz e felicidade, mas, apesar de todos os obstáculos e aprovações encontrados no percurso desse grande jogo chamado vida, nunca desistiu de seus sonhos, adiou sim, mas não desistiu. Essa pessoa sou eu.

Nada foi fácil, tudo foi sempre batalhado e conquistado na base do esforço, da persistência e da resiliência. Tive uma infância humilde na cidade de Esteio, no Rio Grande do Sul, meus pais são pessoas simples e com trabalho árduo, acertos e erros, sustentaram e criaram 4 filhos. Sou a única filha com ensino superior completo, trabalhei desde cedo para custear meus estudos, sempre fui muito independente.

Casei pela primeira vez com 21 anos, tive minha primeira filha, Bruna, hoje com 24 anos, formada em Psicologia. Após alguns anos de casada, me divorciei, em razão de traições por parte dele. Quando engravidei, tranquei meus estudos na faculdade de direito por 2 anos, pensei em desistir da formação, mas com muita força de vontade e sonhos para serem conquistados, retornei à universidade e conclui minha graduação. Esse foi um dos momentos mais especiais para mim, minha formação em Direito; sozinha, com muitas dificuldades, custeei meus estudos, e por mérito meu alcancei a formação superior e fui aprovada no primeiro exame da Ordem dos Advogados do Brasil – OAB, outro momento de muito orgulho para mim.

Segui meus estudos após a formação, realizando minha pós-graduação e minhas especializações. Após alguns anos, me casei novamente e tive minha segunda filha, Cristiana, hoje com 10 anos, após alguns anos, me divorciei novamente por traições por parte dele.

Como disse no início, nada foi fácil, muitas decepções enfrentei e a resiliência sempre esteve junto comigo.

Sempre trabalhei sozinha em meu escritório de advocacia, fui me destacando em minha área de atuação e sendo reconhecida. Fui conciliadora e juíza leiga por 4 anos no Fórum da cidade de São Leopoldo vinculado ao Tribunal de Justiça do Rio Grande do Sul, onde adquiri muita experiência processual e um conhecimento profundo sobre o comportamento humano.

Graças à vontade de Deus e à minha dedicação, tenho sucesso na minha carreira profissional como advogada, o que conquistei até hoje foi oriundo do meu trabalho, mas busco por mais, sempre. No decorrer dos anos, senti a necessidade de empreender, abri uma sorveteria e cafeteria e permaneci com ela durante 3 anos, sempre conciliando com minha carreira. Após algum tempo, casei novamente com meu atual marido, estamos juntos há 7 anos, e dessa união, nasceu minha terceira filha, Eduarda, hoje com 4 anos. Vivemos um casamento com altos e baixos e a experiência que adquiri com meus casamentos frustrados, me serve de base para manter minha família unida e ter maturidade para lidar com as dificuldades do dia a dia.

Para isso, tive que mudar algumas crenças e reprogramar alguns conceitos em se tratando da relação a dois e sigo tentando me renovar a cada dia, pois, acredito que a transformação está em cada desafio que enfrentamos.

Comecei a atuar também na mediação de conflitos extrajudiciais, com o objetivo de ajudar as pessoas a resolverem seus problemas e suas dores, fui aprofundando meus conhecimentos na área comportamental humana. Minha vida profissional está atrelada em advogar, mais especificamente, na área criminal e mediar conflitos extrajudiciais. Hoje também tenho uma loja virtual, com venda de produtos físicos e páginas de vendas em redes sociais e *marketplace*. Também, junto com meu marido, temos uma locadora de veículos, ainda de forma informal, com foco de aluguel de veículos para motoristas de aplicativo.

Como mencionado anteriormente, empreendo em atividades paralelas à minha profissão, estou no começo, mas em ascensão. Traço objetivos e metas a serem conquistadas e o meu próximo projeto está sendo a elaboração de um curso *online* para ajudar e orientar advogados iniciantes na carreira criminal, onde irei compartilhar minha experiência de 16 anos atuando nessa área tão desafiadora, juntamente com meus conhecimentos em comportamento humano, ajudando, por exemplo, no desenvolvimento da autoconfiança e no domínio dos medos, para a construção de uma carreira sólida, com autoridade e muito sucesso.

Ao longo da vida, entre erros e acertos, venho evoluindo, trabalhando minhas habilidades, desenvolvendo a disciplina e agora me sinto mais preparada para ajudar outras pessoas a também conquistarem seus sonhos e juntos buscarmos uma vida épica. Hoje tenho uma vida com conforto, com independência e segurança financeira, mas busco e quero muito mais, mas como já falei anteriormente, não foi nada fácil chegar até aqui e se eu estou conseguindo, você, amigo leitor, também consegue.

Quero compartilhar, alguns obstáculos que enfrentei e que me marcaram ao longo da minha jornada, como forma de incentivo e encorajamento para você entender e crer que tudo é possível quando queremos realmente mudar de vida. Venho de uma família simples, meus pais não me apoiaram financeiramente na conquista dos meus sonhos, mas sou muito grata a eles pela vida, pela criação e pela família em que cresci. Minha formação universitária foi eu que trabalhei duro e paguei. Trabalhei no passado como cuidadora de crianças em creches e escolinhas, já fui demonstradora de produtos em feiras, lojas e supermercados, promotora de vendas e, como todo estudante, já fui estagiária em vários órgãos públicos.

Fiz a minha faculdade com muitas dificuldades, me lembro com orgulho que a maior parte do curso, eu só tinha uma bota para usar e com o tempo e desgaste pelo uso, ela rasgou na parte de cima, como eu não tinha condições de comprar outra, eu usava minha bota rasgada. Sempre tentava esconder meus pés ao sentar ou usava uma calça longa para tenta esconder ao máximo o rasgo da minha bota, hoje posso comprar quantas botas eu quiser. Usei sempre transporte público para ir trabalhar e estudar, hoje tenho carros do ano, com muito conforto para usufruir. Dificilmente podia comprar livros para meus estudos, pegava de outros colegas e tirava cópias, hoje estou aqui, com muito orgulho, escrevendo, resumidamente, a minha história de vida em um capítulo desse livro.

Nunca desisti. Pensei muitas vezes em sucumbir, mas não me permiti cometer esse grande erro. Não deixei o vitimismo vencer, assumi as rédeas da minha vida e a responsabilidade das minhas atitudes e comecei a mudar a trajetória da minha história. Atitude, começar sem adiar, enfrentar os medos e não procrastinar é a base para o seu sucesso, para alcançar os seus objetivos e sonhos, conquistar o que é importante para você.

Me formei em julho de 2006 e em abril de 2006, menos de 3 meses faltando para a minha formatura, em consequência de atitudes erradas do passado, um familiar próximo foi preso. Em razão dessa tragédia, não tive festa de formatura, mas participei da solenidade de colação de grau. Quando eu peguei minha carteira da OAB, que foi logo em seguida da minha formatura, comecei a atuar na defesa da execução da pena do processo desse familiar.

Foi o primeiro grande desafio da minha carreira, defender uma pessoa próxima, lidando com a emoção e a razão ao mesmo tempo, talvez esse tenha sido o grande motivo para eu ter optado pela especialização na área penal, embora, já me fascinasse os desafios dessa carreira, pois entendo que a liberdade de ir e vir de uma pessoa é um dos bens maiores que temos. Foi uma longa jornada, mas consegui a liberdade do meu familiar, o que me sinto muito orgulhosa por ter conseguido com serenidade e equilíbrio emocional, ter podido ajudá-lo em um momento tão difícil que enfrentou.

Hoje, sou empreendedora e vendo produtos físicos e infoprodutos, continuo advogando e palestrando na área jurídica e no conteúdo do comportamento humano, quero poder ajudar outras pessoas com o conhecimento e a experiência que tenho, ajudar outras pessoas a conseguirem realizar seus sonhos. Minha jornada ainda é longa, mas já alcancei e conquistei sonhos e bens que jamais pensei que conseguiria conquistar. Quando decidi que meus filhos não iriam passar pelas dificuldades que eu passei, esse foi o grande marco da virada da minha história.

Nossa vida é baseada em decisões, são essas decisões que irão mudar o nosso futuro. Poder ajudar os outros com o meu conhecimento também é um grande incentivo. Somos nós que decidimos a nossa jornada, seja ela rumo ao fracasso ou ao sucesso, não se diminua frente aos problemas, enfrente-os, enxergue sempre o lado positivo desse problema e nunca desista frente aos obstáculos que sempre aparecerão. Persista sempre, foco, disciplina e coragem de mudar que os resultados chegarão. Crie novos paradigmas, recodifique suas crenças, assuma o controle daquilo que depende de você e tenha como base a resiliência.

Pois nada é fácil e nem será, mas de uma coisa você pode ter certeza, o orgulho que você sentirá de você mesmo será recompensador e se posso ousar em deixar aqui registrado um pequeno conselho, não desista, não se preocupe com julgamentos alheios, eles sempre existirão e se inspire em pessoas de sucesso que você se identifique e modele sua forma agir.

Obrigada, queridos leitores, por me prestigiarem com essa breve leitura. Vamos juntos trilhar o caminho do sucesso para vivermos vidas com abundância e liberdade, e podem contar com o meu conhecimento para o que precisarem.

Até breve se Deus permitir e beijo no coração.

A transformação está em cada desafio que enfrentamos.

Michele Bresolin

MIRIAM BENTO

20

Sou Miriam Bento, tenho 39 anos, nascida em Itu/SP. Há 20 anos, sou casada com o amor da minha vida, Edivaldo Bento, somos presenteados com a princesa Beatriz, nossa filha, hoje com 8 anos. Sou abençoada com os meus pais, Tito Lorena Gonçalves e Regina Ap. Amâncio Gonçalves, pois me deram os maiores ensinamentos de todos: o amor a Deus e amor à família.

Sou graduada e pós-graduada nas áreas de Negociações e Liderança. Sou palestrante, escritora e *coach*. Sou proprietária do Instituto Mac Quality, minha empresa de consultorias e treinamentos. Sou Amada de Deus e executora dos seus propósitos em minha vida.

@miriambent0
(15) 98157-2620
macquality@outlook.com

DECIDI TRIUNFAR

Por Miriam Bento

Sou mulher, esposa, mãe e empreendedora e, por muitas vezes, desafiada pela vida a desistir. Por que não desisti? Por que persisti e acreditei no que meus olhos não enxergavam, mas meu coração sentia e acreditava?

Convido você a continuar este capítulo até o final, pois irei te contar a minha trajetória de evolução e transformação pessoal e profissional.

Sou nascida no interior de São Paulo, uma cidade chamada Itu, porém, até os meus 11 anos residi em Jumirim, uma cidadezinha do interior de São Paulo, com pouco mais de 3 mil habitantes. Ali passei minha infância com meus 3 irmãos e meus pais. Nesta cidade, tínhamos uma vida simples, tínhamos o básico para viver, porém os desafios maiores ainda estavam por vir.

Desde sempre minha família teve um propósito de servir a Deus e entender o Seu chamado e a Sua vontade em nossas vidas. Foi em 1995 que Deus mostrou ao meu pai uma missão em São Luís/MA. Com 4 filhos, tendo minha irmã mais velha 13 anos, eu 11, meu irmão 10 e a caçula 8 aninhos, papai se organizou como podia financeiramente, se guiou por Deus e seguimos de mudança, de carona com um casal de amigos, 3.200 km de carro para o Maranhão.

Muitos chamaram meus pais de loucos, pois com 4 crianças indo para um estado que não conheciam, sem família lá, com apenas poucos conhecidos. Mas, quando meu pai era questionado ele sempre respondia: "Deus me enviou e todas as palavras que confirmaram a minha ida foram do Salmos 23: O Senhor é o meu Pastor e nada me faltará."

Chegamos ao Maranhão apenas com as malas, papai já tinha emprego arrumado, porém, seus documentos foram esquecidos na casa da minha avó em São Paulo. Naquela época, não existia a facilidade de envios rápidos, os documentos foram postados nos correios, mas os mesmos foram extraviados.Naquele momento, qualquer um falaria: "Tudo dando errado, vou voltar, vou desistir", mas papai não, ele dizia: "Se está sendo difícil, é porque vamos ver muitas bençãos de Deus neste lugar. Diante disso, eu aprendi o meu primeiro pilar: independente das circunstâncias, siga o seu propósito.

Naquele momento meu pai e minha mãe estavam sem casa, sem emprego, sem dinheiro e com 4 crianças para sustentar; nossos conhecidos também sem condições financeiras e meu pai sempre nos ensinou a buscar nossas soluções sem sermos pesados a ninguém.

Papai soube de uma construção que estava parada, sem portas, sem janelas, apenas com as paredes levantadas e o telhado; conseguimos o contato com o dono e ele nos cedeu para nos abrigar para não ficarmos na rua. Nesse momento faço uma breve pausa, caro leitor:

Através desta situação, Deus já estava me estruturando para situações difíceis em que tive que tomar decisões entre desistir ou criar caminhos para continuar com o propósito. Eu aprendi com os desafios e ensinamentos práticos da vida, que continuar - apesar das dificuldades - é um ato de Coragem e Resiliência (tema do meu outro livro, *A Arte de Vencer*).

Bom, vamos retornar para São Luís/MA, naquela construção que nos abrigava; começamos ali a missão do papai que se tornou nossa. Os cavaletes da obra com algumas tábuas eram a nossa mesa, ganhamos 1 colchão de casal, 2 colchoes de solteiro (dormia 2 filhos em cada colchão) e um fogão de 2 bocas. Ah, me lembro bem que eu e minha irmã mais velha, a Gisele, ainda tínhamos criatividade para decorar a casa. Minha mãe sempre foi bastante exigente com limpeza e higiene, sempre nos ensinou do jeitinho dela que ser limpo e organizado não tem nada a ver com não ter dinheiro, mas que sim, é uma questão de atitude e excelência. Me lembro que peguei alguns tijolos e uma tábua e ali fiz nosso guarda-roupa, simples mas impecável.

Ah, caro leitor! Mais um pilar foi construído, o de entregar excelência em tudo que fazíamos.

Papai tinha R$ 200,00 no limite do cheque especial c através de um aprendizado antigo com um casal de amigos, resolveu fazer salgados para vender na rua. Na época os R$ 200,00 deu para comprar um fogão com forno, uma caixa de isopor e os ingredientes para as primeiras vendas; foi emprestado a nós uma garrafa térmica de 5 litros. Papai fez 20 esfirras e 5 litros de suco e saiu para a rua, vendeu tudo, retornou pra casa e fez mais 20, vendeu tudo novamente e foi assim que ele começou a trazer o sustento para nossa casa e foi nesse momento que eu tive meu primeiro contato com o empreendedorismo.

Me lembro que, por várias vezes, para ajudar meu pai, íamos vender no lugar dele, minha irmã com a caixa de isopor, eu com a garrafa e meu irmão com o grito de guerra para atrair os clientes. Me lembro que, inicialmente, eu tinha vergonha, estava na adolescência, me escondia, mas com o passar do tempo comecei a me soltar e vivenciar aquele momento que se tornou mais dois pilares: o contato com as vendas e o contato com o público.

Ficamos residindo naquela construção por aproximadamente 6 meses, porém, em um dia em que estava muito difícil e perigoso viver ali, Deus mostrou para uma família a nossa necessidade. Eles tinham um apartamento novinho e nos cederam para morar sem precisarmos pagar o aluguel, até construirmos nossa casa. Nesse momento, eu aprendi sobre o amor ao próximo e sobre o dom mais excelente: a caridade.

Ainda assim, papai continuou as vendas de salgados, pão e sorvete para nos sustentar e também construir a nossa casa. Após 2 anos e meio, nossos 3 cômodos foram construídos e nos mudamos. Outros desafios surgiram, que ficará para um próximo livro, pois nesse momento quero te contar sobre a minha transformação pessoal dentro de toda essa experiencia vivenciada.

Muitos devem estar se perguntando, será que ficaram ricos vendendo salgados na rua? Depende de que riqueza estamos falando. De dinheiro? Tínhamos apenas o suficiente para sobreviver, mas foi no suficiente que acumulei minha maior riqueza: a fé, a coragem, a determinação, a resiliência. Aprendi que oportunidades se criam, aprendi a empreender, a entregar o meu melhor dentro das condições que tenho.

Ah, caro leitor, pode ter certeza de que essa riqueza fez a diferença não apenas na minha vida, mas também na dos meus irmãos. Hoje, estamos construindo nosso império dentro da estrutura da honestidade e com todas as habilidades adquiridas naquela época.

Papai cumpriu a sua missão naquele estado, que foi a de levar a Palavra de Deus, o amor e a transformação de vidas e de almas. Retornamos para o estado de São Paulo tendo o Maranhão como nosso berço de ouro no quesito aprendizado e crescimento interno da nossa melhor versão.

Naquela época, nossos estudos ficaram bastante comprometidos e não víamos em nós condições para continuarmos, porém, éramos experientes em criar oportunidades e entregar o nosso melhor em cada detalhe. E eu? Ah, que alegria e orgulho em poder dizer que pude vivenciar na prática cada aprendizado adquirido em São Luis/MA.

A prática dos pilares

Trabalhei em um supermercado como repositora e limpeza das prateleiras, eu era sempre sorridente, interagia com o público, auxiliava e direcionava os clientes. As prateleiras ficavam lindas, as latas em pirâmides, de alguma forma eu tentava chamar a atenção. Neste supermercado, eu era diarista, trabalhava de quinta a domingo apenas e não tinha um registro fixo.

Um dia, ouvi uma empresária, dona de uma loja, dizer que precisava de uma vendedora; ao final do dia, entendi que poderia criar uma nova oportunidade em minha vida, fui até a loja, sem currículo, conversei com a proprietária e me ofereci para a vaga. No outro dia, recebi uma ligação daquela mulher e empreendedora incrível que eu admiro muito, ela me disse assim:

- Miriam, cheguei em casa e disse ao meu esposo que você havia me procurado na loja para se candidatar à vaga e ele me respondeu assim:

- Miriam é aquela moça do supermercado? Das prateleiras?

Eu disse: Sim, por quê? Ele respondeu:

- Contrata ela, o atendimento dela é excelente!

Caro leitor, naquele momento meu coração se encheu de orgulho e até hoje em meus treinamentos eu sempre falo:

- Entrega o teu melhor dentro das condições que tens e onde estás sempre terá alguém a te observar.

Fiquei 3 anos naquela loja e entreguei o meu melhor todos os dias, de todas as maneiras, mas meu sonho era trabalhar no mundo corporativo eu achava lindo as moças de uniforme e sonhava: "Um dia vou ser assim e vou viajar de avião pela manhã e voltar à noite, como uma executiva." Caro leitor, em 2005 entrei pro mundo corporativo, errei muito, aprendi com meus erros, já usei uniforme chique, já viajei para vários estados para reuniões corporativas (de avião rs), me graduei, pós-graduei e continuo aprendendo a cada dia, mas sem deixar de lado a entrega do meu melhor.

Desde 2014, tenho a minha empresa de consultoria e treinamentos, sou especialista em liderança, idealizadora do Projeto "Mulheres Com Propósito", já ajudei muitas vidas a serem transformadas a partir da própria história. Por muitos momentos eu ouvi: "Nossa, a Miriam é persistente, não desiste fácil!", agora vocês sabem o porquê né, caro leitor?

Minha casa mental foi estruturada em terra fértil e quando eu entendi que o primeiro passo para o meu crescimento era honrar, respeitar e evoluir a partir da minha história, independente dos desafios e dores nela encontrada, eu decidi triunfar.

Não podemos mudar o que passou, mas podemos aprender e escolher o que que queremos nos tornar. Somente Deus conhece nosso futuro, mas cabe a nós, através do livre arbítrio, construí-lo a partir de hoje entregando e sendo o melhor que desejamos ser e receber.

Nesse momento, eu convido você a refletir sobre a sua história e a extrair dela os seus maiores aprendizados. Eu tenho certeza que essa ressignificação irá alavancar o seu crescimento. E lembre-se: quanto mais você se culpa, menos você realiza.

E aí? Você decide se estagnar na vitimização ou protagonizar o seu sucesso? Só depende de você!!!

É a partir da nossa história que construímos os pilares do nosso sucesso.

Miriam Bento

NÉLLY TRINDADE

21

Nélly Trindade, mentora da alma feminina, palestrante e atriz. Como atriz atuou em alguns filmes e novelas. Hoje, atua como mentora da alma feminina, especialista em despertar a Deusa que habita dentro de cada mulher, vítimas ou não, de qualquer tipo de abuso, aumentando assim, sua autoestima para que elas voltem a se amar e a realizar sonhos.

Já conseguiu ótimos resultados com suas alunas, que voltaram a se amar, encontraram o seu poder e deram um novo rumo em suas vidas, libertando-se de relacionamentos abusivos. Como palestrante, transformou vidas a partir da sua história de autossuperação e vitórias. Escritora no livro Histórias Memoráveis, Pessoas que Decidiram Triunfar.

@deusatrindade7
(12) 99185-5454
nelycintiatrindade@gmail.com
nellytrindade.com/

O DESPERTAR DA DEUSA

Por Nélly Trindade

Vou contar a história de uma garotinha muito sonhadora, alegre e curiosa, nascida em uma pequena cidade chamada Jardim.

Foi no outono do mês de abril que essa linda garotinha veio ao mundo, filha de uma mulher linda, corpo escultural, cabelos negros, pele branca, olhos tristes e um sorriso largo; uma mulher com um coração cheio de amor. Seu pai, um homem de estatura média, magro, sorriso grande, um homem muito inteligente, aventureiro, mas que tinha uma doença: ele era alcoólatra.

Isso trouxe muitos prejuízos emocionais para toda a família, mas quando estava sóbrio era um pai muito amoroso. Essa garotinha, filha do meio de 4 irmãos, chegou ao mundo para alegrar a família: branquinha, de cabelos castanhos, olhos grandes que pareciam jabuticabas, sorridente e muito curiosa. Querendo descobrir o mundo, em uma família muito humilde, ela foi crescendo e desde muito criança já tinha muitos sonhos, um deles de ser atriz e ter uma casa de vidro no meio da floresta.

Sempre ia passar as férias na casa de seus avós maternos, na capital onde também moravam suas primas. Sua avó trabalhava fora e ela ficava na casa com seu avô e suas primas. Com apenas cinco aninhos, ela foi abusada sexualmente pelo seu avô, na ausência de sua avó que nunca soube de nada, e ele a instruía a não contar nada para ninguém. Sentindo-se envergonhada, sem saber o que realmente acontecia, essa garotinha foi crescendo e esses abusos aconteceram durante alguns anos, pra ser exata, por três anos seguidos. Até o dia que ela disse: "Chega!" Ela já tinha oito anos de idade.

Seu comportamento foi mudando completamente, ela passou a ser uma criança introspectiva, tímida, sem amigos, vivia no seu mundinho, já planejando o seu futuro que seria bem longe daquela cidade, sua infância havia sido roubada.

Na adolescência, foi vítima novamente de pedofilia por um professor da escola onde estudava. Então, com ajuda da sua querida mãe e contra a vontade de seu pai, ela foi embora para São Paulo em busca do seu grande sonho de ser atriz. E assim, começou a sua jornada na cidade grande. Seu primeiro emprego foi de frentista em um posto de gasolina. Deslumbrada com a cidade grande e descobrindo a vida, prestou vestibular para Administração, fez um semestre mas não gostou, afinal, seu sonho era ser atriz.

Resolveu então entrar em uma escola de artes cênicas e aqui começa uma nova história. Ela, muito feliz com a realização do seu grande sonho, mas como tudo não eram apenas flores como ela imaginava, recebeu a triste notícia de que tinha uma voz de criança no corpo de uma mulher, (um sintoma do trauma vivido na sua infância). Precisava mudar isso urgente se quisesse continuar, sugeriu seu professor. Como estava determinada a realizar seu sonho, foi atrás de uma fonoaudióloga, que a ajudou nessa mudança e depois de um ano de exercícios diários, deu certo! Conseguiu a sua voz empoderada.

Ainda tinha toda uma timidez, medo de falar em público e um corpo travado para superar, mas ela tinha uma pessoa que a inspirava muito, o seu ídolo Ayrton Senna e essa frase foi marcante em toda sua vida; "Seja quem você for, qualquer posição que você tenha na vida, do nível altíssimo ao mais baixo social, tenha sempre como meta muita força, muita determinação e sempre faça tudo com muito amor e com muita fé em Deus, que um dia você chega lá, de alguma maneira você chega!"

Certo dia, depois de terminar a apresentação de uma peça, sua professora a comparou com um alface, por quê? Porque não tinha nada de expressão, era sem graça no palco como um alface. Seu mundo caiu!

Chorando muito, ela resolve desistir do seu sonho, ela imaginava que seria divertido, mas estava lidando cara a cara com os seus medos e traumas. No dia seguinte, lembrando das palavras do seu ídolo, decidiu que não iria desistir do seu sonho de criança. Então, perguntou para a sua professora o que precisa ser feito. Esta lhe deu as dicas e ela vai atrás da sua autossuperação, mais uma vez. Deu certo! Sonho realizado! Formou-se como atriz. Aí nasce uma nova mulher!

Nessa fase da sua vida, ela estava vivendo uma repetição de padrão, sempre se colocando em relacionamentos abusivos com muita traição, ficou extremamente consumista, bebendo muito, com alguns vícios e com uma hiper sexualidade. Tinha um vazio dentro de si e essa era a forma que ela conseguia preencher.

Achando que a vida era assim mesmo, não percebia que estava adormecida e sendo levada pelas doenças mentais e físicas que já estavam comandando sua vida, inconscientemente. De repente, se vê em um quadro de depressão, pensamentos suicidas, em um processo de autodestruição avassalador. Foi diagnosticada com endometriose, colesterol em níveis altos, doenças autoimunes como fibromialgia, artrose, artrite e gastrite crônica e só percebeu isso quando olhou para a mão e viu que seus dedos estavam tortos por causa da artrose.

Inconformada com tudo aquilo e por ser muito vaidosa, entrou em desespero! Sentiu o caos instalado na sua vida, mas como uma guerreira que nunca desiste, decidiu ir atrás da sua cura. A qualquer custo iria encontrá-la! Não importava o que o médico tivesse dito, que "artrose e fibromialgia eram doenças autoimunes, que não tinham cura, que ela tinha que tomar remédios para amenizar as dores e fazer exercícios, mas que a tendência era só piorar porque a artrose era uma doença degenerativa". Estava determinada a encontrar a cura, pois acreditava que a cura estava dentro dela.

Com muita fé em Deus e em si mesma, ela começou a sua jornada, fazendo um mergulho profundo para dentro de si. Mudou totalmente seu estilo de vida, começou a dançar para sentir o seu corpo, precisava se reencontrar, pois havia se perdido dela mesma; se mudou para um lugar com natureza, onde ficaria imersa, se reconectando consigo mesma, ouvindo o que o seu corpo estava falando, pois há algum tempo nem lembrava que ele existia, pelo menos agora já estava consciente disso, só assim poderia transformar a própria vida.

Imersa nos estudos, fez cursos de terapias para se autoaplicar, como Thetahealing, Barras de Access, Ho'oponopono, EFT, meditações guiadas, Tantra, dança tribal, estudos do sagrado feminino, física quântica, o poder dos cristais, ervas...

Com a ajuda de um psicoterapeuta, ela então descobriu o motivo daquilo tudo e começou a desvendar os verdadeiros motivos de tantas doenças físicas, mentais e emocionais, utilizando todas as técnicas aprendidas e também recebendo algumas chaves que a ajudaram naquele processo de entendimento. Pensou em desistir várias vezes, de parar com tudo e tirar sua própria vida, talvez fosse mais fácil. Mas quando pensava em desistir, via a carinha da sua criança triste na sua frente pedindo pra ela não desistir. E com muita fé e determinação ela continuava.

Durante uma sessão de terapia, ela descobriu o real motivo de ter criado todas aquelas doenças. Uma culpa e um silêncio carregados por uma vida inteira: ter traído a sua avó, era o que estava guardado no seu inconsciente. Como uma criança de apenas 5 anos poderia trair alguém? Após essa descoberta, ela se libertou dessa culpa que não era sua, se perdoando e voltando a se amar.

EU, Nélly Trindade, sou essa garotinha e estou aqui contando minha história para você. É um alerta dos danos que um o abuso sexual na infância causa na vida de uma pessoa. Traumas e autodestruição, na maioria das vezes. Quem é vítima de abuso nunca fala, por medo, vergonha e culpa. Cuidem de suas crianças, conversem abertamente sobre esse assunto, só você pode proteger seu filho(a). Segundo o IBGE, no Brasil, por hora, 4 meninas com menos de 13 anos são estupradas.

Em uma noite sozinha em casa, a casa dos meus sonhos de criança, fui dormir muito triste por não estar vendo resultados na minha cura, falei com Deus e comigo mesma e disse: "Se for pra viver assim, prefiro a morte!" E chorando muito, caí no sono.

Naquele mesmo dia, no meio da madrugada, acordo sem dores e ainda um pouco adormecida, começo a procurar pelas dores, pensando estar em um sonho. Fico olhando para as minhas mãos e começo a dizer para mim: "Acho que morri, só pode ser!", essas foram as minhas palavras. Lembro como se fosse hoje e pra minha maior surpresa, meus dedos estavam retinhos, inacreditável! Você já teve a sensação de achar que morreu?

Eu havia conseguido o milagre, minha cura! Depois de tanto tempo de luta e dedicação! Prostrada no chão, agradeci por não ter desistido e a Deus por ter me carregado em seus braços durante aquela jornada. E ali, naquele momento eu havia despertado a Deusa que estava adormecida dentro de mim e entendi que somos alquimistas da nossa própria vida. Encontre a sua essência e desperte o seu poder! Um novo começo, uma nova chance!

Quando percebi que poderia ajudar outras mulheres, criei um método: CORPO, inspirado na minha jornada de cura. **C** - Conectar (conectar com seu corpo, mente e espírito), **O** - Ouvir (ouvir o que seu corpo está falando), **R** - Reencontrar (reencontrar com o seu poder interior), **P** - Perdoar (perdoar e principalmente praticar o auto perdão), **O** - Organizar (organizar tudo isso através de meditações guiadas de limpeza e reprogramação, dança, exercícios para mudança de hábito e muito amor).

Aí nasceu "O Despertar da Deusa" um programa de 7 semanas *online* e 7 encontros via *Zoom* comigo. Também nasceu o curso "Deusa Essência", uma jornada de 21 Dias, para que outras mulheres possam ter acesso a esse caminho que eu trilhei e que muitas alunas também já trilharam e despertaram as suas Deusas. E a palestra "O Despertar de uma Deusa", para inspirar e acender chamas que estão apagadas e desacreditadas.

Essa é a minha missão de vida. Você também pode curar sua vida, a cura está dentro de você, acredite! Independentemente de qual seja a sua dor, você tem esse poder!

Agradecimentos:

Agradeço à minha doce e amada mãezinha e ao meu amado pai pela vida. À minha família, aos meus anjinhos Dudú, Budha, Pérola e Éros. Dr. Anselmo Paes Jr, Dr. Alexandre Garcia e Dra. Nádia Trindade. Agradeço a minha criança interior, meus sonhos que me mantiveram viva e principalmente a Deus!

Somos alquimistas da nossa própria vida.
Encontre sua essência e desperte seu poder!
Um novo começo, uma nova história.

Nélly Trindade

PATRICIA RANGEL

22

Patricia Rangel é educadora corporativa, palestrante internacional, mentora de empreendedores e *coach* profissional.

Engenheira de produção, mestre em Educação, especializou-se em Educação Corporativa, Neurociências, Segurança do Trabalho, Psicologia Positiva e *Coaching*, além de vários cursos de extensão nacionais e internacionais sobre empreendedorismo, inovação, gestão, liderança, *Mindset* Disney, negociação, argumentação e qualidade no atendimento.

Com mais de 20 anos de experiência, é a criadora do Método Magia.com de empreendedorismo, e do Método DRA.PAT, de autoconhecimento para realização de sonhos.

Com seus métodos, estimula a atitude empreendedora por todo o mundo.

@drapatriciarangel
(16) 99283-3126
pat@drapatriciarangel.com.br
www.drapatriciarangel.com.br
linkedin.com/in/drapatriciarangel

BAGAGENS DE UMA AVENTURA TRESLOUCADA CHAMADA VIDA

Por Patricia Rangel

Tresloucada é sinônimo de louca, doida, alucinada e desvairada. Diz-se da pessoa que não tem razão nem juízo. E eu aprendi esse significado da pior maneira possível: lendo esta acusação em um processo de divórcio litigioso, com briga por guarda de filhos. Descubra neste capítulo como esta acusação indevida e imprópria se transformou em inspiração para centenas de pessoas, pelo tanto que representa no protagonismo da minha história.

A "louca sonhadora que viaja e se muda em busca de oportunidades" é hoje palestrante internacional premiada e aplaudida de pé. Com muita atitude e coragem, criei o MÉTODO MAGIA.COM de empreendedorismo e o MÉTODO DRA.PAT de autoconhecimento, dois atalhos para a superação e o sucesso. Mas para te fazer entender a minha jornada, precisamos fazer uma viagem no tempo.

Eu te convido a se imaginar em 1994. Eu morava com meus pais e meus irmãos em Ricardo de Albuquerque, bairro simples do subúrbio carioca. Tinha apenas 14 anos e o meu grande sonho naquele momento era realizar uma festa de 15 anos inesquecível. Eu tinha a festa desenhada na minha mente: vestido rosa, 14 amigas de rosa, 14 amigos de branco e uma entrada triunfal com um vestido longo branco, fumaça de gelo seco, ao som de *Forever in Love*, de Kenny G. Atenção: nada de julgar o meu sonho! Porque a regra é clara: sonhe além dos limites, como se ninguém estivesse te avaliando.

Estava tudo certo para a minha festa, até que meu irmão Luciano decidiu dar uma ideia magnífica e que confundiria a minha mente: – *Por que não vamos nós dois para a Disney por 15 dias? É o mesmo preço!* Passei então a me imaginar chegando na escola após as férias de julho, bronzeada e com o casaco cinza do "Hard Rock Café". Eram duas características básicas de quem tinha passado férias nos Estados

Unidos. Isso sem falar das orelhas do Mickey, claro. Depois de muitas dúvidas, eu tomei a atitude de seguir o meu coração e, imaginem o resultado, tive uma festa memorável, com mais de 400 convidados, saí na capa do jornal do bairro e com lembranças afetivas que guardo até hoje na memória. Foi neste momento que eu pude perceber que devemos acreditar nos nossos sonhos e batalhar para realizá-los. E, sim, temos que colocar os nossos sonhos em primeiro lugar.

Ali pude entender que o nosso futuro é decidido pelas nossas ações. Temos total poder de fazer escolhas que irão direcionar as nossas vidas. Eu passei a dar voz aos meus sonhos, criar planos de ação para o alcance de cada um deles. E, sim, passei a acreditar que eu era capaz de qualquer realização. Eu não precisava ser mais uma pessoa do subúrbio carioca sem grandes expectativas na vida, afinal eu sempre fui uma excelente aluna e meus pais me proporcionavam as melhores alternativas de educação. Tudo dependia apenas de mim.

Dali em diante, minha vida foi uma curva exponencial de realizações e conquistas. Virei professora de inglês, passei na universidade pública que eu queria, estagiei em uma multinacional e, em pouco tempo, fui admitida nesta empresa em um cargo que viajava pelo Brasil. O sonho de qualquer jovem. No meu segundo emprego eu já era coordenadora e tinha uma equipe de mais de 15 liderados. Empreendi, mais de uma vez. Vendi uma das empresas para um grupo investidor, por milhões. Formei minha família. Casei, tive dois filhos lindos e perfeitos. Viajei mundo afora. Comprei o carro e apartamento dos sonhos. Desde cedo me diziam que as respostas vêm da dor, mas eu não conseguia acreditar neste ensinamento, pois a minha vida era uma sequência de alegrias e conquistas. Tive dores, claro, mas nenhuma que me ressignificasse ou que transformasse a minha história.

Em 2017 houve o primeiro marco da minha transformação. Participei de uma missa do Padre Marcelo Rossi, no Santuário Mãe de Deus, em São Paulo, onde ele perguntou durante a homilia: "*Qual é o seu propósito na Terra? Por que Deus te mandou aqui?*" Eu passei semanas refletindo sobre estas perguntas, sem encontrar as respostas. Fiz uma análise detalhada de toda a minha vida, tentando encontrar semelhanças em comportamentos ou ações.

Comecei a fazer terapia em busca deste autoconhecimento e consegui ter muita clareza sobre estas e outras questões. Apesar de tantas conquistas, eu não me considerava feliz. Identifiquei que eu carregava culpas, muitas vezes impostas pela sociedade, que passaram a ser crenças que limitavam a minha felicidade. Eu me culpava por ter errado a profissão, por ter casado grávida, por não ter visto meu primogênito dar os seus primeiros passos, por não ter sido capaz de amamentar livre e exclusivamente com leite materno os meus filhos, por ter perdido um cargo gerencial em função de uma licença maternidade, por não ter proximidade com meus primos, por não ter viajado para fora do Brasil com a minha mãe e por não ter participado de todos os aniversários dos meus pais. Além disso, eu me sentia impotente por ter sido assaltada diversas vezes e até ter sido sequestrada. Eu tinha um trauma não curado, que era julgado como frescura, tolice e fraqueza.

E foi neste processo de busca pela minha felicidade que TUDO mudou. Me divorciei, mudei de emprego, mudei de casa, mudei de cidade, recomecei. E o que eu pensava que seria um processo simples, se tornou o pior pesadelo da minha vida. Passei a entender aquela máxima que diz "*você só conhecerá o seu marido no momento do divórcio*". Tudo o que vivemos de bom, ao longo dos nossos 14 anos juntos, foi por água abaixo no primeiro documento formalizado por ele e sua advogada no fórum. Eram acusações infundadas e inacreditáveis. Mentiras e hipocrisias. Eu sentia que estava me divorciando de outra pessoa, de sua advogada, talvez.

O pior ainda estava por vir. Em 2019, me mudei para o interior de São Paulo, por uma oportunidade profissional que se demonstrava muito relevante. Naquele momento, veio a pior das ameaças: "*Vou tirar as crianças de você!*" E pasmem, eu perdi a guarda dos meus filhos! As alegações eram insustentáveis. Eu entrei em um processo de queda profunda, fui ao fundo do poço. Meu protagonismo ficou abaixo de zero, em um longo processo de dor e sofrimento. Mesmo em um quadro de depressão, eu fazia exatamente o que havia sido determinado pelo juiz: pagava pensão alimentícia e visitava meus filhos quinzenalmente no Rio de Janeiro. Não faltei um final de semana sequer. Era a oportunidade de renovar minhas energias, voltar para casa e passar duas semanas sem forças, chorando e engordando.

Foi quando me lembrei que as respostas vêm da dor. E agora sim, eu sabia o significado desta frase. Passei a buscar a solução em cada lágrima e tentei não focar no sofrimento. Meus filhos tinham saúde, casa, alimentos e os pais brigando por eles. Amor, sem dúvida, não lhes faltava. Percebi que para eles o mais importante era ver que a mãe estava bem, pois eles se preocupavam comigo. Entreguei o processo nas mãos de Deus e retomei as rédeas da minha vida. Eu precisava viver algo novo.

Corri atrás de um sonho antigo de cursar um mestrado em Educação. Estudei muito. Sempre que ficava triste, pegava um livro para transformar minhas lágrimas em aprendizado. Fiz mestrado, pós-graduação em Neurociências, pós em Psicologia Positiva e *coaching*. Mergulhei nos bastidores Disney. Estudei sobre propósito e descobri que nasci para brilhar. E mais do que isso, para iluminar e transformar a vida das pessoas. Quando eu passei a aceitar esta parte difícil da minha história, como um grande processo de cura, as respostas vieram no tempo de Deus. Uma por vez.

Decidi ser palestrante e compartilhar a minha história de dor e superação com outras mulheres. Daí nasceu um processo natural de *coaching* e mentoria. Criei um método próprio de autoavaliação com foco na realização de sonhos, baseado em Domínio, Resultado, Atendimento, Protagonismo, Atitude e Transformação. Surgiram também os empreendedores, tanto homens quanto mulheres, desejando entender como transformar uma *startup* em objeto de desejo de grandes clientes e investidores. Daí nasceu o método MAGIA.COM de empreendedorismo, com o passo a passo para ter um negócio de sucesso, com o encantamento de gestão e liderança Disney.

Comecei a entender que não era sobre mim, mas sobre as pessoas que me ouviam e se conectavam com a minha história de transformação. Hoje sou fonte de inspiração por onde passo. Transformo vidas e histórias. Ajudo as pessoas a resgatarem os seus sonhos mais profundos e acreditarem no seu potencial, seja para resultados pessoais ou profissionais. Estimulo a ressignificação de crenças limitantes e oriento cada pessoa a encontrar um mentor nesta busca do propósito. Tenho também os meus próprios mentores, aqueles que me fazem refletir sobre temas antes não pensados. Saio de casa todos os dias determinada a transformar a vida de ao menos uma pessoa. Isso me faz praticar a escuta ativa e dar voz a desconhecidos, seja na fila do supermercado, em uma viagem por aplicativo ou mesmo nos encontros com familiares.

Comecei a perceber a transformação nos olhos das pessoas que me assistem, com lágrimas e entregas verdadeiras. Hoje, meus filhos moram comigo, por vontade própria. O que é muito mais verdadeiro do que qualquer imposição processual. Aprendi, da maneira mais difícil, que "*criamos filhos para o mundo*", mas eles sabem que no meu coração há uma cadeira cativa para cada um deles, com plumas e paetês, sempre pronta para lhes dar amor e motivação.

Aprendi que a vida é tresloucada e que esta palavra, que um dia foi utilizada para me ofender, deve ser motivo de orgulho para toda MULHER, MÃE, EMPREENDEDORA, GUERREIRA, BATALHADORA E SONHADORA. O meu desejo neste capítulo é que todos nós sejamos TRESLOUCADOS nesta vida, para que possamos deixar um legado e uma mensagem memorável por onde passarmos.

Eu espero ter gerado em você uma inquietação que faça com que você perca o sono nas próximas semanas pensando neste tema. E se eu puder contribuir ainda mais com a sua história, me envie uma mensagem contando o quanto este capítulo impactou na sua vida. Será um prazer trocar informações sobre este tema com você.

“

Comecei a entender que não era sobre mim, mas sobre as pessoas que me ouviam e se conectavam com a minha história de transformação.

Patricia Rangel

”

PRISCILLA FONTES

23

Sou mineira, nascida em Belo Horizonte, filha de Milton e Vitória, pais amados e queridos.

Vivo em Divinópolis/MG há alguns anos, aqui estudei, me tornei uma pedagoga e mais à frente uma gestora de pessoas. Conheci meu marido Navarro Júnior, com quem namorei durante 11 anos e já temos 15 de casados. Tivemos 3 filhos: Marina, Maria e Pedro.

O mundo empresarial me chamou muito cedo, aos 19 anos, e neste mundo do empreendedorismo eu estou até hoje, com muitas experiências na mochila e muito ainda para aprender.

Sempre fui encantada com o autoconhecimento e foi através dele que cheguei até aqui, com formações nacionais e internacionais em constelação familiar, desenvolvimento humano e inteligência emocional.

Vou contar um pouco da minha história pra você.

@priscilla.fontes

Priscilla fontes

ASSIM A VIDA CHEGOU ATÉ MIM

Por Priscilla Fontes

Por meados de 1900, uma mulher chamada Vitória e um homem chamado Antônio, ambos portugueses, jovens, viviam em Portugal e lá se conheceram, namoraram e resolveram casar. Desta união, nasceu sua primeira filha, uma criança muito formosa e a ela deram o nome de Ana. Quando Ana tinha apenas 2 anos, Antônio resolveu vir para o Brasil em busca de uma vida melhor. Então, ambos resolveram que ele iria na frente e voltaria para buscá-las. E assim ele fez, mas o tempo foi passando e ele não voltou.

Vitória, não querendo mais esperar, resolveu ir ao encontro de Antônio. Entrou em um navio com sua filha Ana, com pouco mais de 3 anos e foram juntas rumo ao Brasil (quero lembrar, que naquela época não existia GPS nem celular). Após dias e dias de viagem, finalmente desembarcaram aqui. Como ela o encontrou eu não sei, só sei que encontrou.

Porém, algo havia acontecido, ele estava noivo de outra mulher. Vitória não aceitou aquela situação e disse a ele que ele era o seu marido e que era com ela que ele iria ficar. Talvez você esteja pensando, "Nossa, eu não aceitaria isso", ou "Como ele pôde fazer isso com ela?", mas digo a você que esses detalhes dos problemas deles de casal eu não julgo e nem critico. Na verdade, só agradeço a coragem que ela teve naquela época e depois disso, ter mais alguns filhos. Um deles é o meu avô materno Manuel.

Essa é uma das histórias que me compõe, apenas uma, mas que faz toda a diferença para que eu esteja aqui hoje escrevendo para você. Todos nós somos frutos de encontros e de histórias e qualquer mudança lá atrás, muda tudo aqui.

Isso aconteceu antes de mim e agora vou contar um pouco do depois, da minha história. Sou filha de Milton e Vitória (sim, o mesmo nome da minha bisavó). Sou a segunda filha de 8, minha mãe teve um aborto antes de mim. Minha infância não foi fácil. Como tinha muitos irmãos, também tinha muitas responsabilidades desde muito cedo (hoje vejo que isso me fez bem, mas naquela época não via assim). Era uma menina tímida, com sobrepeso, sem muitas habilidades corporais. Com isso, era muito excluída. As marcas da exclusão ficaram em minha alma, agora não mais como sofrimento e sim, como mola na qual cheguei no que eu faço hoje, que chamo de trabalho, mas que é, na verdade, uma das minhas maiores bênçãos e alegrias.

Como muitas vezes não participava das brincadeiras ou dos grupos, desenvolvi muito cedo o dom de observação das pessoas ao meu redor. Percebia as tristezas e as alegrias. Uma certa vez, uma colega de sala que se sentava ao meu lado, olhou pra mim e rapidamente percebi que ela tinha chorado em casa, antes da aula. As marcas das lágrimas ainda estavam no rosto dela, não perceptível para muitas pessoas, mas para mim, sim.

A adolescência chegou e me tornei uma moça muito bonita, chamava muita atenção dos homens, principalmente os mais velhos e isso me incomodava muito, porém não repartia meus sentimentos com ninguém. Minha mãe tinha tanto trabalho e dificuldades, que eu não queria dar trabalho para ela e nem para o meu pai. Assim, fui guardando muitas coisas. Fui me afastado da minha mãe, não percebia quem eu era e estava sempre querendo agradar para que gostassem de mim.

Comecei a trabalhar bem cedo, aos 12 anos já havia conseguido meu primeiro emprego. Durante a minha vida eu já limpei a casa de uma tia, coloquei etiquetas em cartas e jornais, fui vendedora de loja, professora, dona de escola de cursos profissionalizantes, administradora de hotel, de empresa de carga e descarga, decoradora de festas, proprietária de salão de festas e diretora na empresa de vendas de telefonia.

Estudei magistério, pedagogia, gestão de pessoas e liderança, constelação familiar, educação sistêmica, *coach* sistêmico, treinamento comportamental entre outros conteúdos como, empreendedorismo, *marketing* digital, etc.

Com 16 anos, conheci meu futuro marido, namoramos por 11 anos e ele se tornou a pessoa em que eu buscava o que faltava, mas por mais que ele tentasse fazer tudo para me agradar e suprir essas faltas, não conseguia. Nos casamos, tivemos 3 filhos, nos tornamos sócios. Mas eu continuei carregando essa falta, até quando decidi mergulhar profundamente no autoconhecimento.

Sabe quando vamos fazer uma faxina em casa, levantamos os móveis, retiramos tapetes, abrimos cortinas e neste processo muitas vezes achamos objetos que já estavam perdidos há muito tempo? Neste primeiro momento parece que está tudo bagunçado, mas depois vamos limpando e colocando as coisas no lugar até que depois vem aquela sensação gostosa de limpeza, paz, vontade de andar descalço e descansar um pouco. É assim que acontece quando realmente queremos olhar para dentro. E tudo que precisamos está dentro, não fora.

Vou te contar como entrei neste caminho. Quando fiquei grávida do meu terceiro filho, Pedro, resolvemos que era hora de parar as atividades do trabalho e me dedicar à minha família; tínhamos perdido nossa segunda filha por um aborto espontâneo e não queria que isso acontecesse novamente. E foi um tempo bom, gostei de estar pertinho deles. Nossa primeira filha, Marina, estava com quase 4 anos e pude vivenciar tantas coisas simples, mas importantes e maravilhosas do dia a dia.

Quando meu filho entrou na escola, retornei ao trabalho. Meu marido havia terminado uma sociedade e precisava que eu retornasse, estávamos passando por um momento delicado. Nossa empresa tinha chegado ao fundo do poço, então tivemos que recomeçar tudo novamente. Eu estava feliz em voltar e então desenvolvi processos, criei estratégias e junto com nossa equipe crescemos novamente.

Era maio de 2015, em uma terça-feira normal, estava me organizando para ir para a parte presencial de um curso que eu queria fazer. Neste dia, meu marido não se sentiu bem e resolveu ir ao hospital; os médicos ficaram preocupados e pediram exames urgentes, então resolvi não ir para o curso e acompanhá-lo. Ali começou um pesadelo, descobrimos que ele tinha um câncer renal e que teria que retirar um rim. Sim, eu fiquei apavorada, nossos filhos eram pequenos e ele já havia perdido uma irmã com um outro tipo de câncer. Então ele fez a cirurgia, retirou o rim, fez um monte de exames e nos deparamos com mais um diagnóstico: metástase no pulmão. Começou a quimioterapia. Procuramos outros médicos e também tratamentos alternativos, benzimentos, curas espirituais, tudo que estava ao nosso alcance em busca de saúde e vida.

No começo eu chorei muito, tinha medo da morte e da tristeza dos meus filhos crescerem sem o pai presente, mas como chorar não mudava nada, resolvi encarar o problema e fazer o que era necessário. Assumi a frente da empresa, da casa, das crianças, tentei tirar todas as preocupações de cima dele, achando que estava certa. Mas a consequência de tudo isso foi um esgotamento físico. E lembra daquele buraco dentro? Pois é ele ainda estava lá. Ah, e o meu curso, não continuei.

Foi quando resolvi que tinha que cuidar de mim. Ele já estava bem melhor a medicação estava sendo satisfatória e eu não poderia adoecer. Um tempo antes tinha participado de uma constelação familiar na qual me encantei. Então havia chegado a hora de mergulhar em mim, resolvi fazer o curso de formação em constelação familiar e foi um encontro comigo, com minhas dores, faltas e medos. Lembra que eu falei da faxina, pois é aconteceu exatamente daquela forma. E assim, rapinante comecei aplicar as constelações, em grupos, em nossa empresa, com os nossos filhos, fazer palestras em várias cidades.

As pessoas foram chegando, meu lugar foi ficando mais leve. Então resolvi estimular meu marido a também fazer a formação e constelação familiar e assim ele fez. Em uma noite de quinta-feira, estava me preparando para entrar no palco e o meu telefone tocou. Meu marido estava na formação e quando atendi era o nosso professor, ele havia tido uma crise convulsiva e era necessário alguém para buscá-lo. Liguei para a irmã dele que morava lá e ela fez tudo que precisava. E eu já estava no palco, as pessoas todas em seus lugares esperando que a palestra começasse. Eu olhei para todos ali e com o compromisso que tinha com eles, confiei que ele estava em boas mãos e que naquele momento eu não poderia fazer nada.

Subi no palco e fiz o que eu tinha que fazer, até hoje eu não sei como, mas deu certo. No outro dia fui ao encontro dele, já não estava tão forte como no dia anterior, fomos ao hospital, mais uma notícia difícil, o câncer tinha dado metástase na cabeça. Neste momento, meu mundo desmoronou novamente, não conseguia conter minhas lágrimas. Mas como eu acredito e falo, sempre que precisamos, Deus coloca pessoas boas em nossa vida. Como da primeira vez, encontramos um médico sensacional, fizemos todos os exames e a cirurgia foi feita com muito sucesso e sem sequelas.

A disciplina, a dedicação, a preservação da vida, foi algo que o fez ficar bem. O amor pela bicicleta e pelas trilhas também. E exatamente um ano depois mais um nódulo na cabeça e todo o processo novamente. Pensei: o que temos que apreender com tudo isso? Sim, acreditei que havia um propósito por trás de tantos acontecimentos. Neste momento, já enfrentei com mais otimismo, estava sempre ao lado dele e tudo deu certo. Assim, escolhi que mesmo passando por momentos difíceis, eu sou feliz e essa felicidade é parte de mim.

Você pode estar pensando no peso disso tudo, mas lhe digo que tudo isso me transformou na mulher que sou, me levou a olhar para o que há de mais profundo em minha alma e entender que não, não me falta nada, a vida foi o suficiente e agora está em meus pensamentos, sentimentos, atitudes para desenhar o que eu quero para mim.

Quando uma pessoa chega até mim, não só a vejo, mas sinto o que está na alma dela, olhando de humano para humano. Só assim posso contribuir na vida do outro.

Não poderia ter sido diferente. Todas as minhas dores se transformaram nas minhas fortalezas. E com toda certeza, acredito que também pode ser assim com você, basta olhar diferente.

“

Todas as minhas dores se transformaram nas minhas fortalezas.

Priscilla Fontes

”

SANDRA SANTOS

24

Sandra Pereira dos Santos, casada há 33 anos com Roberto E. Santos, com quem teve dois filhos, Aline Mª Santos de 29 anos e Gustavo H. Santos de 27 anos. Reside atualmente na cidade de Belo Horizonte, Minas Gerais.

Psicóloga clínica com especialização em Psicoterapia de Família e Casal. *Master Coach* Emocional, palestrante, mentora e escritora.

Curso teológico pelo Instituto de Liderança Wagner.

sandrasantos_psicologa
linkedin.com/in/sandra-santos-6a1130254
sandrapsi.santos@gmail.com

OUSE SONHAR COM O IMPOSSÍVEL

Por Sandra Santos

Entenda como eu saí de um lugar de grandes limitações, onde eu poderia simplesmente me conformar com as adversidades da vida, para um lugar onde pude agir, crescer e escrever minha própria história de sucesso profissional.

Meus pais tiveram 5 filhos, sou a segunda e única mulher. Nossa cidade natal é Nacip Raydan, interior de Minas Gerais, na região do Vale do Rio Doce e atualmente com pouco mais de 3 mil habitantes. Minha família se mudou para Belo Horizonte na década de 1970. Meu pai, que era vaqueiro na fazenda em que morávamos, teve que aprender na prática uma nova profissão de pedreiro para sustentar nossa família recém-chegada em Belo Horizonte.

Eu e meus irmãos tivemos uma infância de muita escassez financeira e, durante essa época, minha mãe trabalhou lavando roupas para outras famílias para ajudar no nosso sustento. Como meus pais não tinham condições de comprar nossos brinquedos, os mesmos eram feitos pelos meus próprios irmãos. Lembro-me que a minha primeira boneca com cabelo, foi na época do Natal, por doação de brinquedos à crianças carentes. Cresci neste ambiente em que ter sonhos grandes não faziam parte da nossa realidade, pois o ambiente em que vivíamos não era propício a isso.

Quando eu comecei a entender sobre as profissões, por volta de 10 anos de idade, nasceu dentro de mim o desejo de um dia ser psicóloga, talvez porque eu era aquela menina que as colegas gostavam de buscar uma direção quando tinham problemas. Naquela época, eu ainda criança, nunca poderia imaginar o destino lindo que Deus havia escrito para mim. No momento de cursar o segundo grau, por volta dos meus 15 anos, minha mãe se posicionou de forma decisiva para que tanto eu quanto meus irmãos pudéssemos dar continuidade aos estudos, isto porque meu pai dizia que não era necessário estudar mais. Minha mãe, mesmo com pouco estudo, sempre deixou claro que, no que dependesse dela, nós estudaríamos até a faculdade. Dessa forma, ela não mediu esforços para os filhos estudarem e assim com muita dedicação concluí o segundo grau.

O próximo desafio agora era passar no vestibular para conseguir entrar na universidade. Eu tinha 20 anos quando fiz o vestibular pela primeira vez para o curso de psicologia na Universidade Federal de Minas Gerais. Infelizmente, não fui aprovada, fato que me trouxe muita tristeza, sentimento de fracasso e baixa autoconfiança. Me questionava, "será que um dia eu conseguiria fazer o meu sonhado curso de psicologia"?

Nessa fase, deixei de lado novas tentativas de vestibular e comecei a trabalhar em um banco privado, local onde conheci meu marido. Quando eu estava com 23 anos, nos casamos e quatro anos depois, tivemos nossa primeira filha; após quase três anos do nascimento dela, nasceu nosso segundo filho. Optei então em parar de trabalhar no setor bancário, depois de 8 anos na área, para me dedicar aos cuidados e à educação de nossos filhos. Assim, o meu sonho de me tornar psicóloga, se tornava cada vez mais distante e difícil de ser realizado.

O tempo passou e por volta de meus 40 anos de idade, com os filhos já mais velhos, fui estimulada novamente por minha mãe a retomar os estudos. Nessa época, minha autoconfiança estava em baixa, pensamentos negativos vinham na minha mente: pensava e sentia que meu tempo de entrar numa faculdade havia passado e aquele sonho de criança parecia estar enterrado. Eu só não imaginava que a época de maior transformação na minha vida estava por vir.

Em meio a esse contexto e de um turbilhão emocional, eu busquei o conselho da pessoa mais importante da minha vida, "JESUS CRISTO". Como uma mulher madura, eu precisava saber se aquele sonho de criança fazia parte de um propósito maior de vida ou se fazer o curso superior seria apenas uma forma de elevar minha autoestima, o que para mim não era o suficiente. Diante da incerteza, eu pedi a Deus que Ele me respondesse de forma que não ficassem dúvidas. Nos dias a seguir, comecei a perceber Deus me falando de algumas maneiras e mesmo em silêncio, eu sentia a convicção do toque dEle em meu coração.

O primeiro sinal foi através da letra de uma música que diz "Se tentaram matar os teus sonhos, sufocando o seu coração; se lançaram você numa cova e ferido, perdeu a visão; não desista, não pare de crer, os sonhos de Deus jamais vão morrer. Não desista não pare de lutar, não pare de adorar, levante teus olhos e vê; Deus está restaurando os teus sonhos e tua visão. Recebe a cura..." (Ludmila Ferber). Soube que Deus estava ressuscitando o meu sonho e a convicção que precisava entrou em meu coração: ser uma psicóloga fazia parte de um propósito maior na minha vida.

Em outro momento, Deus me falou novamente através de outra canção, desta vez, a frase que ascendeu meu coração foi que "meus olhos veriam o sonho de menina do meu coração". Diante dessa experiência, além de derramar muitas lágrimas de alegria, eu decidi que iria agir e me preparar para entrar na faculdade. Alguns meses à frente, fiz o vestibular na Universidade PUC Minas, seria um teste, mas para minha surpresa e alegria, mesmo 20 anos após eu ter parado de estudar, fui aprovada. No dia que vi meu nome na lista de aprovados parecia que não era real o que estava acontecendo, meus pensamentos estavam acelerados. E agora, como seria?

As crenças limitantes que diziam que eu não era capaz tiveram que ser confrontadas, dentre elas a de que aos 40 anos eu estava velha para entrar na faculdade. Sabe qual a estratégia usei? Fiz uma pergunta poderosa a mim mesma: "Se Deus me conceder mais 40 anos de vida, como vou querer vivê-los?" Respondi que eu decidia que seriam os melhores anos da minha vida e que eu estava disposta a batalhar por isso, afinal, a maturidade que não existia nos meus primeiros vinte anos de vida eu tinha adquirido aos 40, e essa experiência era um ponto favorável para eu conseguir me tornar uma psicóloga de grande excelência.

A decisão estava tomada. Com o apoio emocional e financeiro do meu marido e muito incentivo da minha mãe, comecei a jornada de cinco anos de curso rumo à concretização do meu sonho. Desde o primeiro dia que passei pelos portões da universidade, foram muitos os desafios e maior ainda minhas vitórias e conquistas. Aqueles fantasmas que me assombraram durante anos dizendo que eu não era capaz, os medos e inseguranças foram, semestres após semestres, sendo derrotados com meu bom desempenho nas avaliações de estudo. Estudava muito e a cada dia via que sim, eu era capaz. A certeza que me manteve segura e com estratégias assertivas foi a convicção em Deus de que a psicologia não era um fim em si mesma, mas um meio para cumprir o meu propósito de vida e ser um instrumento de Deus para transformação emocional na vida das pessoas.

Os 5 anos chegaram ao fim e no dia da formatura, quando entrei no auditório para a colação de grau junto com meus colegas de turma, naquele ambiente festivo, vestida de beca e com o capelo na mão, um filme passou diante de mim. As lembranças daquela menininha que eu era, as limitações emocionais e financeiras daquele tempo haviam ficado para trás. O que Deus me falou estava se cumprindo, meus olhos estavam vendo a realização do sonho que um dia eu acreditei não ser possível, as pessoas importantes e especiais pra mim como minha mãe, meus irmãos, meu esposo e meus filhos (o meu pai não estava presente pois havia falecido há 9 anos), puderam celebrar e se alegrar com minha conquista ao levantar em minhas mãos o meu diploma de psicóloga.

A graduação foi a primeira porta que se abriu para o tempo de transformações em minha vida. A seguir fiz a pós-graduação em atendimento clínico de família e casal e, com muito amor e dedicação, dei início a essa jornada profissional que em 2022 completa dez de atuação como a psicóloga que tanto sonhei.

Nessa jornada tive o privilégio de ter um grande líder espiritual e mentor: o Dr. Fernando Guillen *(in memoriam)*, me conectei com ele quando estava no final do curso de psicologia, com ele aprendi sobre sonhar grande e que ser mediano no que fazemos é ser medíocre e Deus nos criou para a excelência. Passei a dar um novo sentido às dores do meu passado, elas me tornaram uma pessoa mais forte e resiliente. Encontrei minha missão de vida. Deus me escolheu para ser um instrumento de cura emocional na vida das pessoas.

Querido leitor, aprendi que os traumas e limitações vividos na fase da infância de uma pessoa podem distorcer e limitar a visão e os sonhos dela, quando adulta. Hoje, sou uma mulher que sonho grande, realizo meus sonhos e tenho o privilégio de contar minha história de superação neste livro. Diante disso, digo a você: ouse sonhar grande, mesmo que a circunstâncias digam o contrário. Tudo começa com uma decisão, escolha sair do lugar de vítima e ser a estrela de sua história. O hoje é o passado de seu futuro, suas decisões e ações definem o futuro que você irá acessar. Há 16 anos, acessei o meu futuro quando decidi me posicionar e agir.

Deixo aqui três passos que, ao longo da minha jornada, entendi serem primordiais para alcançar a realização de sonhos:

Primeiro: "O que fizeram com você diz sobre o outro, mas o que você faz com o que fizeram com você, diz sobre você". O poder está em suas mãos. Escolher sair do lugar de vítima, por mais que pareça difícil, e determinar que você será o protagonista de sua história, é a forma mais inteligente de usar seu poder de decisão. A energia que você gasta para se manter refém dos traumas do seu passado, é mesma que você precisa para abrir os portões e sair da prisão que te impede de realizar seus sonhos.

Segundo: perdoar as pessoas que te feriram é fundamental, entenda que o perdão não é um sentimento, mas uma decisão inegociável no processo de cura das suas emoções.

Terceiro: busque a orientação de pessoas competentes para te ajudarem, você não estará sozinho e nem será menos forte por pedir ajuda. Deus te criou com um propósito maravilhoso, acredite e decida viver o melhor tempo de sua história.

É tempo de você triunfar!

Provérbios 23:7a diz: "Como uma pessoa pensa de si, assim ela é..."

O hoje é o passado do seu futuro.
Suas decisões e ações definem o futuro
que você irá acessar.

Sandra Santos

SIMONE MOREIRA

25

Sou Simone Moreira, escritora, palestrante, compositora, mulher guerreira e mãe solo.

Sou ex-presidente de bairro e vice do Parque Residencial Manella em Cambé, município do Paraná. Ex-presidente e vice-presidente, secretária e conselheira da Juventude socialista de Cambé (U.C.E.S.), ex-secretária da U.P.E.S. do Estado do Paraná, ex-conselheira da U.N.E. Brasil, indicada no Congresso do Rio de Janeiro.

Sou ex-recicladora, comerciante autônoma e agricultora familiar.

@simonemoreiramusicas
Simone Moreira
(43) 9952-2700
simonemoreiramusicas@yahoo.com.br

PROVADA NO FOGO

Por Simone Moreira

Voltando de viagem de Campo Grande/MS, em 2008, trouxe lembranças e uma nova amizade de um compositor que havia conhecido por lá. Dono de grandes *hits*. Ouvi ele cantar e cantei músicas minhas pra ele, foi um sonho realizado. Eu era fã! Airo morreu dois anos depois, ele me inspirava.

Deixei minha mochila pesada na minha cama e fiquei olhando aquela cama de madeira bruta que meu pai mesmo fez pra mim com tanto carinho. O guarda-roupa de duas portas, reciclado, todo pregado e o varal de fio azul esticado no canto da parede da cama, que servia de guarda-roupa também. A porta era uma cortina de retalhos, feita pela minha mãe. Na sala, uma mesa de madeira, que o pai fez, uma TV de tubo gigante sobre ela, e mais bancos. Era banco dentro de casa, fora, na roça e no ferro velho. Me lembro que na cozinha tinha um armário de ferro vermelho, um fogão azul antigo, o restante era tudo colorido, porque era reciclado. A casa não tinha muro e nem calçada, éramos sem grana!

No passado, vivíamos de vender carne de porco e frango, vassouras artesanais e reciclagem. Aos 7 anos, eu aprendi a sair nas ruas perto de casa oferecendo as carnes dos porcos e frangos que meu pai matava nos finais de semana. Trazia anotado o número dos quilos na frente dos nomes que meu pai escrevia numa cadernetinha. Foi assim que comecei a trabalhar desde cedo. Já não vendíamos mais frango e porco, não tínhamos grana pra quase nada. Era rotineiro ver a mãe e o pai deixando de comer pra deixar para os filhos. Quando entendi, preferi não comer pra deixar pra minha filha também!

No quarto dos meus pais, havia uma cama de madeira trabalhada, linda, doada pela mãe de um político do bairro vizinho, que era amiga da minha mãe. Ela amava aquela cama! O guarda-roupa era um varal igual ao meu, e uma malona baú relíquia, que minha mãe tinha desde solteira. Matei a saudade e saí para procurar por eles na roça. Minha mãe, Iraçi, trazia uma caixa de mandioca na cabeça, cantando "*segura nas mãos de Deus e vai*", sempre feliz, apesar dos pesares. Meu pai, José Moreira, sentado à beira do rio, amolando suas ferramentas e comendo abacate, confessou-me que tinha caído na roça outra vez e não contou para a minha mãe. Levei ele ao médico várias vezes e não descobrimos o que tinha. Sofreu demais!

Entre sete anos de luta e dor, descobrimos um câncer que levou meu pai a falecer. Vieram outros problemas de ordem financeira e familiar, roubos e incêndios na minha plantação. Coisas absurdas e inexplicáveis aconteciam! Eu, minha mãe e a minha filha sofremos muito, não estávamos preparadas para o luto, éramos só nós três no mundo. A única coisa que pensava era, de alguma forma, não afundar de vez, pois a depressão judiou!

Com a virada de ano de 2015 pra 2016, achei uma força dentro de mim para recomeçar. Logo, daria à luz ao meu segundo filho. Sem dúvida, foi a razão pela qual eu não me entreguei de vez! O tempo passando, meu filho crescendo, eu saia de madrugada de bicicleta cargueira. Estávamos vivendo do jeito que dava e contando com ajuda de alguém que, às vezes, se compadecia com a nossa situação.

Injustamente, tomaram minha mãe de mim e contrariada, ela entrou em depressão e faleceu também. Aí as coisas pioraram de vez! Tempos depois, sonhei com ela, que no sonho me perguntava sobre o maior ensinamento que ela me deu. Como se ela tivesse a missão de vir me alertar e me fazer lembrar como fazer para não afundar na depressão. Resolvi colocar em prática os exercícios simples, mas poderosos, que criamos juntas. Uma brincadeira que virou missão séria pra nós. Fizemos um pacto de amor para nos ajudarmos sempre e que funcionou magicamente na minha retomada.

Pra mim é uma honra repassar:

Primeiro: mesmo doendo não reclamava mais, nem em pensamento, e me deitava agradecendo por mais um dia que vivi! Então, bloqueei todo o sentimento ruim de sofrer pelo dia que viria, deixando as preocupações de cada dia para aquele dia. Comecei a dormir melhor, melhorou o meu relacionamento com meus filhos e com os amigos. Consegui trabalhar de maneira mais organizada, leve e coloquei minhas contas em dia. Esvaziava a mente das preocupações, sem dúvidas essa era a melhor estratégia para adormecer bem e ter noites de sono perfeitas. Pratiquei isso por duas noites seguidas, ainda rolando de um lado para o outro, e na terceira noite eu já dormia como uma pedra! Inclusive minha filha acha incrível, pois é bem difícil de me acordar. Pode fazer barulho, chuva forte, ter festa com som alto. Quando eu decido que vou dormir, eu durmo mesmo! E ao amanhecer, lá estou eu novinha em folha, preparada para mais uma jornada.

Segundo: ao acordar, também agradeço fervorosamente pela oportunidade de mais uma vez conseguir contemplar a luz do dia. Eu olho para meus pés e mãos e para cada dedo, eu faço um agradecimento de algo que eu julgo importante, de algo que eu tinha na vida ou que aconteceu e que está me ajudando a ser melhor a cada amanhecer. É simples e surreal ao mesmo tempo, porque eu agradeço pela luz do dia, pelos filhos, pelos abraços que eu amo distribuir e receber; agradeço pelos pássaros cantando, pelo cheiro das flores. Já agradeci por sentir o cheiro de feijão azedo, lógico! Se eu não sentisse, teria comido azedo mesmo.

São possibilidades infinitas de agradecimentos! Então eu agradecia pelo arroz, e nem lembrava que não tinha macarrão. Agradecia pela chuva que regava a plantação que iria nos alimentar e nem pensava nas roupas que demorariam a secar. Agradecia pelas latinhas e reciclagens que eu conseguia recolher pelas ruas, que seriam vendidas pra comprar o que eu e meus filhos precisávamos, e nem me chateava mais quando via pessoas virando para o outro lado quando me viam selecionar a reciclagem nas lixeiras da cidade. Agradecer por cada coisa boa, sempre será uma mágica eliminadora de sentimentos ruins, e uma mágica multiplicadora de coisas boas. A gratidão é divina! Ser grato faz a diferença em todos os aspectos.

Terceiro: depois de me levantar, eu criei o hábito de ir até o maior espelho que tem em casa, ou onde quer que eu esteja dormido durante minhas viagens, e alongar minha face, meu corpo e me olhando, agradeço por cada coisa que eu sei fazer, que eu posso fazer e que eu aprendo a fazer! Olho nos meus olhos e sorrio pra mim, por mim e de mim! As vezes as gargalhadas escandalosas são inevitáveis e incontroláveis. Mesmo que algo não tão legal esteja acontecendo, eu não me permito deixar de fazer minha técnica do riso, porque rir tem feito a diferença na minha vida e na vida das pessoas que eu ensino a rir. Como assim, ensina a rir? Sim, ensino. Olhe para o espelho e vá fazendo caras e bocas, caretas mesmo, movendo todos os músculos e ossos que conseguir, sem a ajuda das mãos, ouça os barulhos e estalos que você provoca. Abra e feche os olhos várias vezes, piscando e virando os olhos pra todos os lados.

Pode também fixar seus olhos em um lugar perto e depois mais longe, mesmo que em ambiente fechado! Pode parecer coisa boba, mas experimente. E sorria, dê gargalhada, converse sobre algo engraçado com o seu reflexo! Se esforce mesmo a rir, tenho certeza de que você sentirá a diferença nos seus dias. Hoje, eu sei que rir dispara músculos e sensações, libera enzimas e proteínas produzidas pelo nosso próprio organismo. Que cura estresse, depressão e muitas outras doenças. Sem contar, que faz o dia da gente começar da melhor maneira possível sempre!

Ainda na frente do espelho, eu canto uma música que eu fiz pra mim mesma e ensino por onde eu passo. Se você quiser aprender, me chama nas redes sociais que te ensino. Sem dúvidas você vai notar a diferença nos seus dias e na sua vida!

Esses três passos que passei pra você podem parecer simples demais, mas acredite, se permita fazer isso por quinze dias, uma semana e me conta. Sem dúvidas, vai fazer a diferença pra você. Tenho a certeza de que você será outra pessoa. São doze passos diários que não interferem na sua rotina e podem trazer benefícios gigantescos para a sua vida e para as pessoas à sua volta! Sou testemunha de que funciona e vale a pena! Da criança ao idoso, a maneira de encarar os dias se torna amena e libertadora; eu me livrei de um cárcere privado mental, onde eu apenas existia. Sou uma ex dominada pelos medos da não realização. Sinto-me feliz em todos os aspectos, com a certeza de que aquilo que eu ainda não tenho, será construído por mim mesma, na hora certa!

Consegui sair de um quadro depressivo, onde eu estava planejando suicídio; me resgatei com forças que jamais imaginei ter, saí do fundo do poço e fui conquistando meus sonhos, um a um. Decidi me refazer, usufruir dos conhecimentos herdados de meus pais para me reconstruir e ser a pessoa que eu sempre quis ser: a Simone Moreira, à prova de fundo de poço! Forte, feliz, corajosa e fazedora da minha própria história.

Hoje sou palestrante, compositora, escritora e em breve, estarei lançando mais músicas autorais, algumas interpretadas por mim! Não é fácil, mas a dedicação e o amor pela vida e pelas pessoas que você ama, te faz vencer cada inimigo dentro de você mesmo. Comecei eliminando o medo de fracassar e perder. Foram vários inimigos imaginários destruídos. Sigo eliminando todos os que aparecem!

Sonho auxiliar todos que precisarem da minha ajuda a também destruir seus inimigos interiores. Te faço um convite: venha nas minhas redes sociais, que lá, te envio um *e-book* onde ensino os doze passos que usei pra conseguir me livrar da depressão, sem ajuda médica, sem intervenção de pessoas, com fé, determinação e amando a minha vida.

Acredito cada vez mais na potência que existe em mim. Se eu posso, você pode! Venha descobrir o gigante que mora em você! Aguardo seu comentário no Instagram @simonemoreiramusicas, digite: quero o *e-book*! Depois compartilhe o resultado e me marque!

Abraço forte! Até nossa próxima experiência, juntos.

Me resgatei com forças que jamais imaginei ter, saí do fundo do poço e fui conquistando meus sonhos, um a um!

Simone Moreira

26

TAÍS MONSORES

Sou Taís Monsores, 42 anos, carioca da gema. Por 22 anos, fui Comissária de voo e Líder de equipes nacionais e internacionais na maior empresa aérea da América Latina, atuando no gerenciamento a bordo, atendimento ao cliente e ministrando os exames anuais dos tripulantes para o cumprimento de suas funções.

Hoje sou mentora de líderes, *Master Executive Coach*, treinadora e palestrante. Pós-graduada em Gestão de Pessoas, analista comportamental e especialista em autossabotagem com foco em transformar gestores comuns em líderes extraordinários.

@taismonsores
(11) 99334-7709
linkedin.com/in/taismonsores
tai.fonseca@hotmail.com
www.taismonsores.com.br

SEJA UM LÍDER EXTRAORDINÁRIO

Por Taís Monsores

O ano era 1998.Tinha 18 anos e estava num momento de decisão profissional. Morava no Rio de Janeiro, zona Oeste da cidade. A vida era pacata, previsível e bem sem graça por sinal.

Filha de pais administradores e extremamente conservadores, vivia numa típica família de classe média. Estudei em colégio religioso até a antiga 8ª série (que por sinal, eu odiava). Era uma menina quieta, baixa autoestima, sofria *bullying* na escola, insegura e muito sozinha. Meu pai era extremamente rigoroso e emocionalmente distante. Hoje entendo que ele fez o seu melhor e que ele nos deu o que tinha para dar, mas posso dizer que carinho não estava na sua lista de prioridades. Minha mãe era mais carinhosa, mas trabalhava muito e no fim das contas, eu sentia muita falta de ter aquelas "conversas de meninas" sabe?

Tenho um irmão seis anos mais novo, e apesar de amá-lo, lembro-me de ter embates memoráveis com ele. Verdade seja dita, essa diferença de idade em nada nos favoreceu até que ele atingisse a idade adulta.

Passei a infância e a adolescência toda me sentindo numa bolha. Estudava do outro lado da rua, fazia cursos de idiomas no fim da mesma rua, vivia para estudar. Meu *hobby* era ler. Eu viajava através dos livros.

Lembro-me de uma época que meu pai chegou a ter três empregos: Era funcionário público no RJ, professor de OSPB no Ensino Médio e tinha um táxi. Os tempos eram difíceis... Certa feita, ele resolveu ter mais uma profissão: Ser Filmador de eventos, como: casamentos, 15 anos e festas infantis. Me contratou para fazer a edição dos vídeos. Esse foi meu primeiro emprego oficial, aos 14 anos.

Eu achava minha vida um tédio. Era de casa para a escola, de casa para o curso, de casa para as aulas de piano, de casa para as aulas de dança, etc. Minha mãe inventava mil coisas para me ocupar, já que eu não tinha muitos amigos.

Como tudo tem seus prós e contras, esse tédio serviu para eu nutrir um grande sonho. Era quase uma obsessão. Na verdade, era uma palavra. Uma palavra que ecoava dentro de mim como um grito. Eu sonhava com LIBERDADE.

Eu queria visitar outros países, falar sobre coisas que eu acreditava, queria ver o mundo real e não só o mundo que eu via nas páginas dos livros. Eu queria sentir outros cheiros, outros sabores, conhecer outras pessoas e outras culturas. Era mais que um desejo, era uma necessidade. A única certeza que eu tinha era que o mundo era grande demais para viver trancada dentro de casa.

Um dia, quando estava começando as edições das fitas VHS dos eventos, coloquei a primeira fita no antigo vídeo cassete, e meus olhos viram algo que eu jamais imaginei que pudesse existir. Por uns minutos, me vi paralisada, olhando aquela tela de TV de 14' de tubo antiga. Fui tomada por uma sensação nova, algo que nunca tinha experimentado antes. Quando penso, ainda consigo sentir um misto de medo, curiosidade e felicidade. "É isso!" – pensei.

Meu sonho tinha se materializado em forma de profissão. Era a formatura de Comissários de voo da extinta VARIG. Todos estavam uniformizados, felizes, com um brilho nos olhos que eu jamais tinha visto antes.

Eu seria Aeromoça. Estava decidido.

Eu tinha 17 anos e a idade mínima era 18. Comecei a Faculdade de Turismo e estudava idiomas incessantemente. "Faça o que for preciso" – Eu pensava. Eu precisava de experiência com atendimento ao cliente, seria importante nas entrevistas, quando chegasse a hora. Então comecei a trabalhar como recepcionista intérprete na fábrica de uma joalheria de luxo no RJ. Aprendi a mágica do atendimento com excelência. Eu era como uma esponja. E estava disposta a aprender tudo o que fizesse sentido para formar o quebra-cabeças do meu sonho.

Aos 18 anos, fiz a formação de Comissária de voo e passei na VARIG e na TAM ao mesmo tempo. Conheci um mundo onde se falava em sobrevivência na selva, no mar, no gelo e no deserto. Me tornei socorrista. Combate ao fogo. Preparação para incidentes e acidentes aéreos. Muitos desistiram no caminho. Sonhavam com glamour, mas esqueceram que toda profissão precisa de preparação, renúncias, doação e principalmente, investimento.

Eu nunca tinha me sentido tão especial e única. Era como se o tempo tivesse parado ao meu redor. Afinal, eu tinha conseguido. Era como seu se eu dissesse para mim mesma: "Tá vendo? Você pode!"

A VARIG era a maior empresa aérea do Brasil. Era o sonho de todo tripulante. Depois que passei na seleção, dias antes de fazer os exames admissionais, meu telefone tocou. A secretária me disse: "Vamos colocar sua turma de *stand by*. Em breve entraremos em contato." Mal eu sabia que era o início do fim daquela empresa.

Nessa mesma semana, recebi a notícia que tinha passado na seleção da TAM e deveria estar em São Paulo para começar o treinamento inicial dias depois. A TAM era uma pequena empresa sediada em São Paulo, que estava começando a aparecer no contexto da aviação no Brasil. Conversei com meus pais e, sabiamente, minha mãe me aconselhou: "Vá para a TAM. Comece a voar e pegue experiência. Quando a VARIG te chamar, você retorna." Agradeço o conselho até hoje. A VARIG nunca me chamou. Na verdade, faliu.

Assim, comecei minha carreira na aviação, movida por um sonho de infância. Um sonho de liberdade.

Comecei a voar em setembro de 1999 e essa profissão me deu grandes ensinamentos. Conheci mais lugares do que posso contar, fui liderada e liderei centenas de pessoas ao longo desses anos. Enfrentei 4 furacões: Ivan (2004), Wilma (2005), Irma (2017) e o Dorian (2019), ameaça de bomba a bordo, crises como apagão aéreo, presenciei acidentes, perdi amigos na jornada, passei por inúmeras turbulências internas e externas. Me casei e me tornei mãe.

Costumo dizer que liderar pessoas num escritório, onde todos os dias são parecidos, já é desafiador. Imagine liderar dezenas de pessoas diferentes a cada pouso e decolagem, em situações, muitas vezes, inesperadas e em ambientes confinados? E ainda ter a responsabilidade de levar centenas de sonhos ao destino em segurança?

Um dia, fui convidada para compor o quadro de Examinadoras da empresa, que é o último cargo da profissão de um comissário de vôo. Uma função de confiança extrema nas empresas aéreas.

Nesse momento, eu entendi que precisava de algo mais. Comecei uma busca por autoconhecimento para me tornar uma líder melhor e cresci exponencialmente. Me tornei chefe de cabine com 20 anos de idade, amava o que fazia e, como a maioria das pessoas, liderei por muitos anos usando a intuição. Muitas vezes errei tentando acertar. Às vezes dava certo, outras vezes não.

A primeira lição que aprendi é que liderança não é um cargo, mas uma competência. Você pode até estar num cargo hierárquico elevado, mas isso não quer dizer que você é um líder. Liderar pessoas envolve conhecer padrões de comportamento, desenvolver pontos fortes e pontos de melhoria. É muito simples: você só pode melhorar àquilo que você conhece e consegue medir. E, quanto mais eu me conhecia, mais eu me apaixonava pelo desenvolvimento humano. Liderar pessoas é sobre servir. É despir-se completamente do ego. E poucos estão dispostos a isso.

Eu tinha chegado ao ápice da profissão e estava estagnada há 9 anos, esperando a aposentadoria. Comecei a me sentir de novo naquela bolha da infância. O que antes era novidade passou a ser rotina.

São nos momentos de crise existencial que devemos ficar atentos ao que a vida nos sinaliza, calar a voz do mundo e ouvir a voz de Deus no silêncio. E aqui, aprendi uma segunda lição: A importância de estar inserida em ambientes de pessoas que estão buscando o mesmo que você, que te empurram para cima, te sustentam e te apoiam.

Diante daquele silêncio interno, ouvi uma voz que dizia: "Basta! Chegou a sua hora de voar mais alto." Não havia mais crescimento ali. Comecei a me perguntar sobre o meu propósito, sobre o que fui buscar ali. E lembrei da minha palavra: **liberdade**.

Uma vez li uma frase de Les Brown, que fez todo sentido para o que estava vivendo naquele momento:

"Muitos de nós não estamos vivendo nossos sonhos porque estamos vivendo nossos medos."

Eu não queria mais me conformar. Era hora de ousar e ter coragem. Pedi meu desligamento na empresa, depois de 22 anos de serviços prestados para viver um novo sonho: Abrir minha empresa de desenvolvimento humano, ajudando gestores comuns a terem resultados de excelência através do desenvolvimento da liderança.

Hoje, depois de alguns anos trabalhando com profissionais de diferentes segmentos, fazendo palestras e treinando equipes, eu afirmo: liderança é para poucos.

Poucos estão realmente dispostos a olhar pra dentro e mudar padrões de pensamentos e ações em prol de resultados diferenciados. Mudar dói e dá trabalho. Mas no fim, fazer algo alinhado com quem você é e o que acredita é indescritível. Você para de olhar pra fora e começa a olhar pra dentro. E torna-se único.

Baseada nisso, o que aprendi é que a vida é feita de escolhas. Eu poderia ter ficado mais 6 anos na empresa e me aposentado lá. Era bem mais fácil. Mas por um momento pensei: "Um dia eu vou ficar bem mais velha. E quando esse dia chegar, quais histórias eu vou contar? Quantas pessoas terei impactado através dos meus dons e talentos? Quantas vidas terei impulsionado através dos meus aprendizados? Quantos se lembrarão de mim quando eu não estiver mais aqui? O que estará escrito na minha lápide?"

A vida é única e curta para viver o conformismo. Precisamos estar atentos. Nem eu e nem você, caro leitor, viemos nessa terra e nesse tempo a passeio. Todos temos um propósito de estar aqui. É uma escolha. Uma decisão.

E antes de terminar, te convido a fazer essa reflexão: se sua vida fosse um avião, quem seria você nessa viagem? O piloto em comando ou um mero passageiro? Lembre-se que o único responsável por mudar a sua história é você.

Então aperte os cintos e bora voar.

São nos momentos de crise existencial que devemos ficar atentos ao que a vida nos sinaliza, calar a voz do mundo e ouvir a voz de Deus no silêncio.

Taís Monsores

TATIANE SALES

27

Me chamo Tatiane, tenho 42 anos, formada em pedagogia e administração. Sou palestrante, mãe, escritora e empreendedora. Mais do que isso, sou uma mulher forjada pela fé que decidiu dar a si mesma uma nova chance de vida.

Sou uma ex-obesa que encontrou na maternidade a força para se reerguer e lutar. Hoje sou inspiração para outras mulheres e me dedico à missão de motivar as pessoas a encontrarem seu propósito e não desistirem nunca de seus sonhos.

Você pode conversar comigo pelas minhas redes:

@palestrante.tatianesales
(62) 99136-8999
tatiane_sales@outlook.com

UMA MULHER INSPIRADORA: GRANDES GUERRAS E INÚMERAS CONQUISTAS

Por Tatiane Sales

Minha infância pode parecer comum e feliz a princípio, mas ao longo da minha jornada passei por muitas reviravoltas que, de certa forma, me transformaram na mulher forte e corajosa que sou hoje. Nasci em um lar tranquilo, mas era uma criança um pouco diferente das outras, eu tinha uma força natural para a liderança: era comunicativa, obediente e adorava guiar e instruir meus coleguinhas nas brincadeiras. Na escola, esse meu perfil sobressaia, um senso de liderança que me destacava e me ajudava a ter uma boa relação com todos ao meu redor.

Sabemos que ser filha única pode ser um pouco solitário e quando criança, sentia falta de uma companhia, uma irmã. Passei 7 anos desejando ter uma irmãzinha, mas o mundo dos adultos é muito mais complicado do que eu poderia entender naquela época. Nossa família passava por muitas dificuldades financeiras com frequência, graças a Deus nunca chegamos a passar fome, mas foram dias difíceis, principalmente para os meus pais, e no meio disso tudo, com todas as frustrações que eles carregavam, decidiram se separar.

Para uma criança, a separação dos pais é sempre traumática e, de uma certa forma, eu sentia como se aquilo fosse minha culpa, como se houvesse uma responsabilidade da minha parte. Essa situação, associada à situação financeira que vivíamos, começou a despertar em mim um sentimento de incerteza, de falta de amparo, de ausência de proteção e capacidade, que iria se refletir em como eu me via e agia e também na maneira que as outras pessoas me enxergavam. Para tentarmos uma nova vida, minha mãe e eu nos mudamos de estado em busca de condições melhores, com mais dignidade. Ali poderíamos ter mais oportunidades, era hora de recomeçar, mas dentro de mim muita coisa já estava mudando também.

Na pré-adolescência tudo muda, nossa mente, nosso corpo e no meu caso, na minha família. Tempo depois desse período de mudança de estado, meus pais se reconciliaram e nasceu também a minha primeira e tão desejada irmã. Aqui as coisas começavam a melhorar, nossa família estava mais completa do que nunca, voltamos a nos unir, dessa vez com uma situação de vida mais equilibrada, e conseguimos conquistar e realizar o que considero um sonho para a maioria das pessoas: comprar a casa própria! Mas as coisas não são perfeitas o tempo inteiro, não é?

Com a chegada da minha irmã, tive que aprender a dividir, a compartilhar, a ceder a atenção dos meus pais e de outras pessoas para ela. Tudo isso gera aprendizado e amadurecimento, mas na adolescência as coisas parecem mais caóticas do que realmente são.

Nesse meio tempo, sofri também uma queimadura grave na perna que afetou minha autoestima e, para piorar, estava me tornando obesa, mesmo sendo tão jovem. Entre meus 15 a 18 anos de idade, basicamente passei lutando com o meu peso, mesmo não me sentindo atraente, tive um namoro, mas isso não me ajudou com a minha compulsão por comida. Eu estava muito acima do peso, me sentia cansada, fadigada, sempre com a autoestima baixa por causa da minha aparência, mas não deixava isso transparecer para as outras pessoas, tentava encarar a situação com um sorriso no rosto, apesar de tudo o que eu sentia. Foi nessa idade que também saí em busca de oportunidades na CLT, para começar a estudar, arrumei um emprego, estava aprendendo a lidar com mais responsabilidades; nesse momento eu estava buscando minha identidade, tentando descobrir quem eu era de verdade.

Iniciei na faculdade de Pedagogia e dividia meu tempo entre a faculdade e ajudar minha mãe no restaurante que ela tinha e já que novamente passávamos por algumas dificuldades financeiras, permaneci nesse emprego até meus 28 anos de idade. Durante os anos de faculdade, tive a chance de ir morar no exterior; para mim foi uma experiência incrível, pude vivenciar e aprender coisas novas.

Passei 4 anos na Espanha, nessa etapa da minha vida, conheci o amor, mas também a desilusão. Me casei na Espanha, me apaixonei por um árabe, mas nossas diferenças culturais e religiosas eram extremas, eu tentava me encaixar e entender aquele novo mundo, mas isso influenciava diretamente no nosso relacionamento. À essa altura, eu estava insatisfeita com meu corpo, com baixa autoestima, frustrada com meu relacionamento, me sentindo insegura e humilhada, havia procrastinado e adiado tudo aquilo que eu queria alcançar na minha vida.

Minha vida se tornou um turbilhão de emoções, eu precisava lidar com as diferenças, ao mesmo tempo em que tentava me aceitar, mas uma parte de mim sempre foi inconformada, sabia que eu podia e merecia mais, tanto no amor, quanto na minha saúde. Sabia que eu precisava de ajuda, mas ainda não havia descoberto onde encontrar. Aos 29 anos, comecei uma nova faculdade, dessa vez em Administração. Meus pais haviam se separado novamente, e eu, como filha mais velha, quis trazer para mim muitas responsabilidades, afinal, minha mãe e minhas irmãs contavam comigo.

Em meio à novas decepções amorosas e dificuldades financeiras, consegui um emprego em uma empresa e comecei a me consolidar no mercado de trabalho. Mas a minha obesidade me acompanhava, eu sabia que chegaria um momento que teria de fazer algo a respeito dessa doença, não apenas pela minha aparência, mas principalmente pela minha saúde, pela minha qualidade de vida. Já estava na hora de eu me reconhecer, aceitar e buscar a verdadeira mudança, aquela que se inicia dentro de nós. Eu precisava aprender a me motivar e liderar minha própria vida, eu pensava "seja você sua própria motivação", e isso me dava forças para tentar ser um pouco melhor a cada dia.

Posso dizer que renasci aos 35 anos de idade, ali foi a minha grande "virada de chave". Eu estava com um quadro grave de obesidade, pesando 145 kg com 1,57 de altura, não tinha mais desejo de fazer nada, estava desacreditada de mim e dos meus sonhos. Para piorar, estava me casando e recebi dos médicos a pior das notícias: eu era estéril. Nunca poderia ter filhos, acabava minha esperança de construir uma família. Mas Deus guarda as suas surpresas e mesmo com esse diagnóstico, meses depois, descubro que estava grávida de 4 meses. O meu maior sonho estava se realizando, eu seria mãe! Agora não era mais a minha vontade em primeiro lugar, havia uma nova vida dentro de mim, que precisava e dependia inteiramente de mim.

Assim se iniciou o meu processo de emagrecimento definitivo. Às vezes, precisamos chegar a um estado profundamente triste para percebermos que não podemos sozinha. E não há mal algum ou vergonha em precisarmos de ajuda, todos nós precisamos, e não existe força maior do que admitir isso e tomar uma atitude. Quando meu filho, Isaac, estava com 1 ano e 3 meses, eu já não aguentava cuidar dele como deveria. Com o meu peso, mal conseguia dar banho ou segurá-lo no colo, eu queria correr e brincar com meu filho, mas não era capaz.

A maternidade que tanto sonhei se tornou um pesadelo do dia para a noite, pois não conseguia assumi-la como deveria. Isso me destruiu por dentro, mas também me fez tomar uma decisão importante, precisava de uma solução rápida e eficiente para a minha obesidade, então resolvi fazer uma cirurgia bariátrica. Esse seria um recomeço feliz, mas pouco antes da minha cirurgia, minha irmã que eu tanto amo, com apenas 30 anos de idade, tornou-se paraplégica.

Eu tive que ter autocontrole e buscar inteligência emocional para lidar com tudo o que acontecia à minha volta, precisava seguir por todos que contavam comigo. Após minha cirurgia bariátrica, percebi que não era só o peso corporal que eu estava deixando para trás. A Tatiane do passado, procrastinadora, sem autoconfiança, que abandonava tudo o que começava, havia sumido. Ela se foi para dar lugar a uma nova mulher, uma versão de mim mesma que eu jamais havia imaginado em conhecer. Uma mulher que se posicionou e lutou pelo que queria e acreditava, que correu atrás dos seus sonhos e objetivos. Que se abriu verdadeiramente para Deus, para a maternidade e para a família. Isso se refletiu em todas as áreas da minha vida.

Hoje, tenho uma ótima carreira, estando há anos em uma empresa que me respeita e me admira como profissional. Sou uma Super Mãe, tenho amigos e familiares que me amam e se inspiram nas minhas vitórias. Posso dizer para você que, muitas vezes, a maior vilã mora em nós mesmas. Mas não podemos dar forças a ela! Pois ela cresce e se fortalece toda vez que você acredita que não é capaz de terminar algo, quando você desiste do que sempre quis, quando não confia em si mesma, quando não ama quem você é, sua aparência, suas cicatrizes e sua força. Quando você toma a atitude de tentar ser um pouco melhor a cada dia, tudo à sua volta irá se transformar e florescer para você.

Olhe para trás e veja tudo que já conquistou, por onde andou e o que teve de alcançar para chegar ao lugar que está hoje. Não abandone os seus sonhos, não desista de si mesma, e seja em 1º lugar, sua própria motivação.

Seja você a sua própria motivação.

Tatiane Sales

THAYS CRISTINA

28

Sou Thays Cristina Sousa Felizardo, casada com Leonardo Mesquita, mamãe do Davi Emanuel, filha de Josefina Vilas Boas e Joel Felizardo.

Sou nutricionista, palestrante, *coach* de emagrecimento e mentora do curso Florescer Além do Corpo, em parceria com uma psicanalista.

Criadora do método O Poder da Mulher que Governa: palestra e mentoria para mulheres com o objetivo de nutrir corpo, alma e espírito; e governar ações e emoções.

Amo cantar e ministrar nas igrejas. Desde criança sonhava com os palcos. O microfone significa poder, pois ecoa a minha voz além das 4 paredes. Sempre fui muito ousada e comunicativa, após passar por um processo de metamorfose e cura, criei uma metodologia de nutrição muito além do corpo.

@thaysnutri_cristina
Thays Cristina Sousa Felizardo
(66) 99207-1128
thayscristinanutri@hotmail.com

O PROCESSO DÓI, MAS FLORESCE

Por Thays Cristina

Em junho de 2021, bem no meio da pandemia, recebi uma notícia que paralisou minha vida durante 1 ano. Em uma madrugada fria, acordei passando muito mal, era um sintoma "comum", mas que eu nunca tinha sentido; uma crise de tontura e vertigens fortes, nada preocupante, afinal quem nunca sentiu tontura? Mas, esse sintoma que deveria durar uns 5 dias, no entanto, persistiu durante 12 meses ininterruptos, 24 horas por dia; eu sentia vertigens, desequilíbrio e cheguei a dormir sentada durante 01 ano.

Nesse tempo, procurei ajuda médica e recebi o diagnóstico de TPPP (Tontura Postural-Perceptual), um tipo de tontura sem justificativa clínica, advinda de um distúrbio químico no cérebro, onde alguns especialistas atribuem essa doença à ansiedade generalizada, pânico e depressão. Foi exatamente isso: tive TAG (Transtorno de Ansiedade Generalizada) antes desse episódio. O pior foi receber a notícia que essa doença não tinha cura e que eu deveria conviver com ela pelo resto da minha vida, sem qualidade de vida, sem movimentos bruscos, sem me expor a ambientes com muitas informações, sem vida social, sem desempenhar tarefas visuais como leituras por exemplo, pois eram gatilhos para a crise.

Eu observava o meu filho e chorava desesperadamente, eu imaginava como seria o futuro dele com uma mãe tão inútil, que não poderia ter uma vida normal como as outras mães. Então, eu questionei a Deus: "Por que, Deus, essa prisão que me impede de fazer as coisas que gosto? Logo eu que gosto de ser tão ativa? Gosto de ler, de subir nos palcos, de ministrar, cantar. Como será agora?" Eu tentava sair um pouco, mas tinha que voltar para casa, pois começava a passar mal, não conseguia nem ficar em pé direito.

Não sonhava mais, não tinha mais entusiasmo e alegria, comecei a crer que tudo tinha acabado para mim. Mas um dia, eu ouvi uma voz bem suave em uma linda manhã: "- Filha vai passar! Lembra das promessas que te fiz? Eu tenho um lindo propósito nesse processo de dor". Parei por alguns instantes e meu coração se encheu de alegria e esperança! Então, naquele momento, eu tive que escolher: ouvir minhas crenças que diziam que eu não ia conseguir ou ouvir a voz do meu Deus, que me dizia para me acalmar, confiar e descansar Nele.

Para ouvir a voz suave de Deus, é necessário diminuirmos o volume do nosso eu, porque quando estamos agitadas, com tantas perguntas e murmurações, só conseguimos ver o que está debaixo do nosso próprio nariz, só conseguimos ver o que é possível para o homem. Então, tentamos resolver nossos problemas com a força do nosso braço e isso impede o agir Dele nas nossas vidas.

Um pouco antes de receber o diagnóstico de TPPP, eu tive episódios de crises de pânico, ansiedade e depressão; foram dias escuros e difíceis para mim e minha família, eu pensei em desistir de tudo e em uma tarde fui para o meu quarto e gritei: "Deus, me leva! Deus, você me abandonou! Deus, por que você não me cura?" Havia um silencio total... Eu não chorava mais, eu gemia, não tinha mais forças nem para gritar, minha alma gritava por mim no nível mais profundo do meu ser. E, naquele mesmo dia, antes de dormir eu desejei não acordar, eu estava no meu limite.

Foi então que Ele se revelou a mim através de um sonho: eu estava caminhando sozinha em um lugar que mais parecia um sítio, e de repente... Eu avistava um ser diferente e muito reluzente, então eu atravessava uma cerca para ir até lá; cheguei mais perto, olhei para frente e me deparei com um homem com vestes brancas como a neve, com mangas cumpridas, com um brilho inexplicável! Eu não conseguia ver o rosto e quando firmei o meu olhar, em seus braços estava uma linda bebê e esse homem cuidava dela. Naquele momento, ouvi uma voz que ecoava do alto que dizia assim: "Eu estou cuidando de você, filha, como esse bebê... Quem disse que você está sozinha?" E olhando para cima, eu vi um lindo arco-íris! Meu Deus! Naquele momento, o meu quarto foi inundado com a presença de Deus, meu coração transbordou de alegria, senti uma paz inexplicável dentro de mim!

Daquele dia em diante, aquela visão se tornou uma meditação para lembrar da aliança Dele comigo. Hoje, tenho uma mente renovada e curada, triunfei. Deus me provou duas vezes o cuidado e a fidelidade Dele. Às vezes, pensamos que estamos sozinhas, mas é nesse momento que o Pai está nos carregando no colo.

Existe um propósito na dor, que não entendemos durante o processo, somente depois. Processos são dolorosos, mas é através deles que somos curadas e renovadas. Eu pedi a Deus: "Quero ser um instrumento de cura". Assim, fui preparada para isso, porque não existe cura sem dor. Como vou gerar cura se eu não passar pela dor? Em Tiago 1:2 e 3 diz assim:

"Meus irmãos considerem motivo de grande alegria o fato de passarem por diversas provações, pois vocês sabem que a prova da sua fé produz perseverança."

A prova da sua fé é que produz perseverança e ela te conduz a lugares altos. Se você está passando por uma situação difícil, entenda que onde estão os espinhos, nascerão as flores.

Seis mensagens que Deus enviou para mim que trouxeram cura para minha alma:

1ª - O homem pode dizer a você que não tem mais jeito, mas a última palavra sou Eu que determino.

2ª - O meu silêncio não significa que estou distante, significa que estou trabalhando;

3ª - Enquanto você adora, eu curo;

4ª - O verdadeiro amor lança fora todo medo;

5ª - Existe um propósito na sua dor;

6ª - Você vai escrever um livro contando a sua história.

Agora, quero compartilhar com vocês oito atitudes que me levaram ao triunfo:

1ª - Me posicionei e alimentei apenas as verdades que Deus havia dito para mim, afinal se eu escolhesse ouvir as minhas falsas crenças e focar nos meus problemas não iria trazer cura para minha alma, então confiei inteiramente em Deus;

2ª - Mudei os meus pensamentos: colocava *post-its* espalhados pela casa declarando cura, poder, renovo para minha mente e alma;

3ª - Mudei as minhas palavras: fiz um propósito com Deus de só agradecer ao invés de reclamar, então, eu agradecia em todo o tempo, porque todas as coisas cooperam para o bem daqueles que amam a Deus;

4ª - Comecei a ler mais a Bíblia e muitos livros;

5ª - Aprofundei o meu relacionamento com Deus; conversando com Ele em todo momento;

6ª - Enfrentei meus medos: medo de sentir o medo, medo de sair, medo de cantar, medo de ministrar, medo de trabalhar, medo de dormir, medo de passar mal. Confrontei todos eles, sempre meditando: "O verdadeiro amor lança fora todo o medo".

7ª - Procurei ajuda espiritual e mental: somos corpo, alma (mente) e espírito, e essa tríade está em harmonia, devem ser nutridos e fortalecidos. O nosso corpo é um reflexo do que existe dentro de nós. Uma vez que a nutrição não acontecer de dentro para fora, nosso corpo sofrerá consequências, resultando em diversas doenças.

8ª - Fiz uma carta para Deus de agradecimentos e lia todos os dias. Agradecia por tudo que eu não tinha ainda, mas que eu tinha convicção que iria acontecer. Isso mudou a minha vida, é sobrenatural ter a certeza que Deus trabalha por você, ter a convicção que nem olhos viram, nem ouvidos ouviram o que Deus tem preparado.

Sempre gostei de fazer cartas, então fiz uma carta também para a ansiedade, naquele momento eu estava decidida a nunca mais viver sob o domínio dela e eu te convido caro leitor, faça você também, exercite todas essas as atitudes. Faça a carta e declare em voz alta:

Carta para a ansiedade:

"Querida ansiedade, o nosso primeiro encontro foi aterrorizante, você me dilacerou, me fez perder o controle de mim mesma fazendo o meu mundo girar, literalmente, chegou acompanhada pelo medo tentando me aterrorizar, sim... Posso dizer que você tentou por alguns anos. Até então, não te conhecia direito, me iludiu com tantas mentiras, que deleguei a você o poder de me governar. É, você me paralisou algumas vezes, mas não fique tão animada, pois não te trago uma boa notícia, cheguei de surpresa também!

Quero te dizer que não temos mais nenhum tipo de ligação, estou desfazendo a minha submissão, pois o meu Pai me disse que não é você que me governa e eu posso escolher viver a vida que Ele preparou para mim, então decidi te lançar para os pés do meu Deus, porque Ele cuida de mim.

A partir de agora, viverei o novo, viverei o extraordinário, porque eu sou livre, foi para a liberdade que Cristo me libertou e você não tem mais nenhuma força e domínio sobre a minha vida. Eu decido ouvir apenas o que Deus me diz e Ele me disse que sou amada, livre, curada, restaurada e posso ir muito além do que sonhei, porque eu posso todas as coisas Naquele que me fortalece."

Ass: A filha Princesa do Rei Todo Poderoso.

Uma vez li um texto muito impactante de Julio César. "O urso veio e preparou Davi para o leão; o leão veio e preparou Davi para Golias; Golias veio e preparou Davi para Saul; Saul veio e preparou Davi para o trono." Para que Davi se tornasse rei, ele teve que ser preparado e teve que passar pelo processo; Davi lembrou que conseguira matar o urso e o leão, então tinha convicção que iria matar Golias, não precisou de lanças e armas, pois ele sabia quem ele era e quem estava com ele.

Quando pensares que não vai conseguir ou que está difícil demais, lembre-se das lutas que Deus já lutou por você, lembre-se de onde Deus te tirou e onde você está. Cada situação que Deus te colocar é uma preparação para você acessar lugares altos. As adversidades são proporcionais ao nível que Deus está te elevando, quanto maior a guerra, maior será a sua vitória. Ele está no controle! Ele está te carregando no colo como uma criança; se Ele estava com você ontem, Ele está agora e estará eternamente; Se Ele supriu suas necessidades ontem, Ele supre hoje e suprirá amanhã.

Concluo este capítulo com essa frase:

"Só vive o propósito quem suporta o processo.
Processos geram curas."

“

Para ouvirmos a voz suave de Deus, é necessário diminuirmos o volume ansiado do nosso Eu.

Thays Cristina

”

VALÉRIA VIEIRA

29

Sou Valéria Vieira, psicóloga clínica da visão trauma-informed, consteladora familiar sistêmica, hipnoterapeuta não verbal, *trainer* e palestrante. Realizo meu propósito com trabalhos de desenvolvimento humano há 15 anos. Atendo com mentorias individuais e organizacionais com um método próprio.

Idealizadora da "Jornada Deusa de si", um projeto nascido há 6 anos e tem ajudado muitas mulheres a reconectar e resgatar sua essência, força e poder pessoal, permitindo-se autoconhecer e desenvolver, compreendendo suas potencialidades e vulnerabilidades, integrando aspectos da existência humana, nas dinâmicas das relações, consigo e com o outro, de forma transformadora.

@valeriavieirapsico
(81) 99984-8848
valeriabrito_@hotmail.com

E SE EU ME AMAR? O INEVITÁVEL SUCESSO DE SER

Por Valéria Vieira

Nascida em Recife/PE e residente na princesinha do Agreste (Caruaru), no interior do estado. Décima filha do casal Raimundo e Gercina, como dizia meu pai, "a ponta de rama". Após 9 anos sem terem filhos, estou eu aqui.Nesta época, apenas 3 filhos moravam com nossos pais, 3 eram falecidos e 3 casados. Quando meus pais descobriram a gestação, não estavam preparados para o bebê; minha mãe com 46 anos, costureira e dona do lar, de saúde frágil, sentiu certa angústia. Já tinha criado tantos e agora precisava recomeçar. Estava envergonhada pelo que as pessoas poderiam falar, ainda ativa para gestar.

Os fatores ambientais e sociais sempre influenciaram o comportamento humano, instalando crenças e padrões, levados por gerações nas dinâmicas familiares e, com a minha, não era diferente. O meu pai com 56 anos, maquinista da ferrovia e prestes a se aposentar, questionou-se sobre mais um integrante na família. Na época, eles enfrentavam desafios da vida financeira e conjugal. Lidar com mais um filho não foi tão receptivo, inicialmente.

Passado o susto, veio a acolhida e, apesar das inseguranças e instabilidades, eu nasci e foi um parto complicado. Eu e minha mãe corríamos risco de morte, ali foi a segunda prova de superação que a vida estava nos colocando. Pois a primeira foi ela após 9 anos engravidar, superar as dúvidas e lidar com as sensações do não viver. Não julgo meus pais diante do cenário e suas questões, imagino que não era fácil para eles, mas apesar de tudo, por amor, me permitiram viver, me deram a oportunidade de estar aqui, algo que honrarei sempre.

Penso que um filho temporão tem como propósito atravessar os desafios das dinâmicas familiares e possibilitar um um processo de mudança e quebra de padrões em seu sistema, a partir de si e do outro, algo que eu compreenderia mais adiante em minha vida. Pois bem, nós vencemos, e precisava fazer valer a existência, assim inicia a trajetória. Você deve estar se perguntando: como eu sei o que se passou lá? Com algumas partilhas feitas pela minha mãe e irmã...e eu não tenho dúvidas que este foi realmente o contexto em que nasci. De alguma forma, faz muito sentido, é como se o meu corpo reconhecesse essas sensações e experiências vividas de outro lugar, outra ordem e que estão para além do que aparentam ser.

Na maturação gestacional e no parto, tudo é sentido pelo bebê, ele registra e retêm sensações e alterações do meio em que está, experiências, transferidas através da relação visceral e do desenvolvimento. São 2 corpos vivos sustentando um novo ciclo. Freud chamou de *"traços mnêmicos"* e Winnicott de memória corporal. A mãe compartilha suas emoções, características e sentimentos como tranquilidade ou medo. Todas essas questões causam sensações e alterações no corpo físico, psíquico e emocional da mãe e é sentido pelo bebê. Destaco este ponto por ver a importância dos registros antes do nascimento e o que nos constituí através destes. Muitas vezes, respondemos de forma dissociada e sintomática, frente às situações desafiadoras, são reflexões pertinentes para o autoconhecimento.

Bom, com o passar do tempo, a nossa casa se tornou um lugar marcante para mim. Apesar de ser simples, era grande, "meu castelo rosa", como eu costumava brincar e às vezes era um pouco sombria. Mas, apesar dos medos da infância, tudo terminava sendo uma festa e uma aventura compartilhada em família; na minha mente criativa tudo era possível, assim vivia com os recursos do meu imaginário mundo feliz, que acreditava ser eternizado pela ingenuidade da infância.

Lembro-me de tudo que remetia nossas raízes, preservadas pelos nossos pais, nos detalhes que nos rodeavam, na educação e costumes. Muitos foram os aprendizados que tive ao lado da minha mãe, ficávamos sentadas em uma pedra na frente de casa, à sombra de uma árvore, vendo o pôr do sol, contando suas histórias e ensinando lições que levarei para toda a vida. Esse privilégio não era só meu, mas de todos que assim quisessem estar conosco.

O meu pai, apesar das limitações, nos inspirava em seu desejo de se conectar com a felicidade e sentir a liberdade, ao mesmo tempo que era ríspido, reflexo de uma educação rígida que viveu e respingou em nós. Me recordo de que íamos à feira de rua e lanchávamos um delicioso pastel com caldo de cana, que eu adorava. Porém, as suas lições duras às vezes reprimiam a expressão do afeto, que era visto como vulnerabilidade e fraqueza, algo que não poderíamos ter. Precisávamos ser fortes, como ele dizia: "O mundo é dos espertos..." Assim ele, inconscientemente, nos revelava muito sobre si.

Compreendo a trajetória dos meus pais e dos que vieram antes, apesar dos desafios, nos mantivemos unidos por amor. Acredito que temos exatamente o que é necessário para nosso crescimento, não estamos no lugar, na família, tão pouco com os pais errados; sempre teremos os pais que precisamos e essa compreensão fui adquirindo com mais consciência de evolução frente às minhas próprias escolhas e ações. Portanto, tudo nasce a partir de um desejo, onde estavam os meus? Precisava descobrir e isso me trouxe aqui.

A relação com a minha mãe era toda a expressão de amor que eu poderia ter, um exemplo de mulher, mãe e pessoa. Eu aguardava ansiosa as validações que ela me dava ao brincar de professora, tentando realizar seu sonho de ser alfabetizada e quando me dedicava a estudar para ser a doutora que ela tanto almejava que eu seria um dia; quando eu cantava no palco do nosso quintal, ela me aplaudia e sorria, mesmo com expressão cansada, até quando eu era atrevida por expor minhas opiniões, ela entendia meus instintos, anseios, incentivando-me a ser melhor.

Ainda na infância, o meu mundo encantado se quebraria. A menos de 1 mês do meu aniversário de 12 anos, a joia que tanto amava e admirava iria fazer sua partida. Desde então, não conseguia ter a felicidade de celebrar meu aniversário, foi um impacto esta perda, eu sentia que também estava perdendo-me de mim. Desde os 6 anos eu a via lutar contra o câncer, os médicos deram a ela apenas 6 meses de vida e ainda viveu 6 anos. Mesmo sem saber o que tinha, sabia que não estava bem e tinha medo de me deixar. Isso era algo que nos assombrava, novamente estávamos diante do não viver, tudo que eu podia fazer era amá-la, porque nem entendia de fato o que se passava, vendo-a ser internada, mas sempre voltando, até que neste dia não foi mais possível.

Eu sabia que estava começando o meu maior desafio e não conseguia ainda imaginar como faria essa travessia, a quem eu iria ensinar? Para quem eu iria dançar, cantar e acenar nos palcos da minha vida? Estas e outras perguntas só o tempo poderia acalmar e trazer um novo sentido. Restava-me enfrentar a saudade e a sensação de que "é melhor não ter, do que perder". Algo que eu repeti em minha mente desde então, pois não poderia mais em seus braços aquietar as minhas angústias e inseguranças. Crescia um vazio que parecia não ter fim. Esse momento foi decisivo, escolhi olhar pra mim e lutar contra as próprias sombras e, mesmo diante dos desafios, tendendo a parar, eu relembrava toda a trajetória, viver e me amar era a melhor opção pra seguir.

Os reflexos da gestação e da infância mostravam o que estava espelhado e ancorado em mim, pois não me via sem seu amor, quem me amaria agora? Então, eu precisava ser meu próprio amor e foi quando comecei a descoberta de mim mesma, processar essa dor e ser tudo aquilo que acreditava por nós. Recebi o apoio e cuidados da família, me reergui aos poucos, assumi um novo lugar e me responsabilizei pelo que era e iria ser.

Desde 12 anos busquei a liberdade financeira, vendia bolos na escola, vendia roupas na feira, fazia bijuterias e aos poucos fui chegando aonde o meu coração desejava. Minhas maiores escolhas estavam lá na infância e iriam reverberar dali por diante. Me conectei com os recursos que tinha e encontrei mestres no caminho, fazendo cursos e trabalhos pessoais, tudo que possibilitasse o crescimento.

Comecei a trabalhar com o desenvolvimento humano, com *Reike, Ayurveda*, entre outros, até que pude realizar por amor à minha mãe tudo que não podemos viver juntas. Assim eu fiz, fui a primeira dos 10 filhos a concluir um curso superior. Foi muito especial, algo que pude viver por todos, no olhar dos meus irmãos via o brilho e o orgulho daquela conquista. Hoje, na minha sala "consultório", não tem um dia se quer que não sinta a satisfação e alegria de compreender o real sentido do que minha mãe desejava. A questão não era ser doutora, mas ajudar pessoas no cuidado de si e em suas dores, estando junto nesse processo do autoconhecimento, desenvolvimento pessoal e profissional, e na conquista do verdadeiro sucesso de ser na vida.

Durante todo esse percurso de estudos e vivencias pessoais e profissionais, desenvolvi um método que integra vários saberes, baseado em pilares que sinalizam o cuidado no todo, integrado ao que somos e as relações sociais, estas são fundamentais para a nossa evolução. O método fala sobre a visão sistémica e magnética aplicadas em mentorias individuais, grupos e empresas.

Todos nós somos movidos pelo desejo de ser feliz, e se amar é algo inevitável para a felicidade, então não se trata apenas de mudar minha história, mas, de possibilitar novos caminhos para muitos outros estando a serviço. De onde venho? Por que estou aqui? Aonde desejo chegar? Essas questões moveram-me para o desenvolvimento pessoal e profissional, em um processo terapêutico seguro e foi por aprender a me reconhecer, me acolher e me amar que cheguei até aqui. Então, não se renda, não desista, vale a pena seguir, se amar nos pequenos detalhes, nas decisões difíceis, nos desafios e nas vitórias, vale amar-se pelo todo que é.

O autoconhecimento, através do campo sistêmico - memorais transgeracionais e de desenvolvimento - pode nos trazer uma melhor consciência das dinâmicas internas que estão atuando em nós, como a insegurança, conflitos existenciais, baixa autoestima, relações tóxicas, entre outros. Este processo exige de nós disponibilidade, entrega, confiança e principalmente, coragem para aprender mais sobre nossa história, as vulnerabilidades e potencialidades. Assim, a autoregulação emocional é integrar com gentileza as experiências passadas, possibilitando novo sentido, desenvolver novas habilidades, recursos internos, melhores relacionamentos, começando por você, o autoconhecimento é o poder em suas mãos para isso. Se amar é mais que vencer o medo paralisante do fracasso, é a mola que nos impulsiona à vida com sucesso de ser.

Então se pergunte: "O que de pior poderia acontecer se eu me amasse? Se conhecesse realmente quem sou, minhas vulnerabilidades e potencialidades, anseios e desejos?" O processo rumo ao amar-se, está desde o início até o fim, conhecer a própria história pode ser um recurso transformador, tomando a própria força, com proposito mais claro na vida. Para você já iniciar essa jornada, irei disponibilizar uma meditação sistêmica e magnética para a conexão com teu eu interior, é só solicitar o *link* no meu *direct*.

Se amar é mais que vencer o medo paralisante do fracasso, é a mola que nos impulsiona a vida com sucesso de ser.

Valéria Vieira

30

WANIA RIGO

Olá, sou Wania Rigo, do Rio de Janeiro, 60 anos, psicóloga, pós-graduada em Treinamento e Desenvolvimento. Treinadora, palestrante, *coach* (3 formações), facilitadora e *coach* no Método Louise Hay, renascedora, fundadora da consultoria Dakini Desenvolvimento Humano e Organizacional.

Atuo na área corporativa com treinamentos para Liderança, Lider ***Coach*** e diversos outros na área comportamental. Atuo na parte terapêutica, principalmente com o Renascimento e Método Louise Hay.

Ao longo de minha carreira pude unir em meus treinamentos e consultoria, o humano, o espiritual e o lógico.

Mais de 20 mil alunos treinados.

@wania.rigo
Wania Rigo
Wania Rigo
(21) 99979-1072
wania.rigo@dakini.com.br
https//waniarigo.com.br/

OUSE NÃO SER O PROTAGONISTA DA SUA VIDA

Por Wania Rigo

Começo esse capítulo com um convite um tanto inusitado, você concorda? Tantas pessoas falando sobre o "protagonismo", esse forte movimento que diz que você deve ser o protagonista de sua vida e eu chego aqui e falo para você não ser?

Meu convite é para você ter a ousadia de não ser o protagonista, sim! Mas espere um pouco, não estou louca! Apenas penso diferente e vou contar para você. Segundo a definição no dicionário dicio.com.br, protagonista é:

· Personagem mais importante daquilo que participa;
· Ator ou atriz que representa o papel mais importante numa peça, novela, filme.

É uma ideia interessante, e claro, bem melhor do que você estar de figurante, ou um papel secundário na sua própria vida. Mas, vamos a pergunta e me conta lá nas minhas redes sociais:

Verdade que você deseja ser apenas o ator principal na sua vida. Vivendo uma vida que não é sua? Algo que foi escrito por outra pessoa? Ou deseja aprender a ser aquele que escreve o seu próprio roteiro, sua própria história, fazendo novas escolhas e mudando o ***script*** que havia sido planejado?

Fique atento, na sua vida você pode estar vivendo um drama, uma comédia ou um filme de terror, mas sendo o protagonista. Que tal? Isso é bom? Vivemos uma vida a partir de nossos modelos mentais, coisas que passamos a acreditar, que absorvemos durante nosso desenvolvimento. Às vezes até "honrando" nossas famílias, não é? Então, do que adianta você ser o protagonista?

Vou compartilhar com você parte da minha história, mas principalmente quero focar na grande virada de chave quando aprendi que eu poderia sair desse jogo de imitação e agarrar em minhas mãos caneta e papel e reescrever a minha história.

Eu posso dizer que o filme da minha vida era um grande drama, chegando bem perto do terror. Nasci em uma família que, em geral, classificamos como disfuncional, um pai extremamente violento, que espancava minha mãe e irmão, que nos ameaçou de morte inúmeras vezes. O meu nascimento já foi complicado, pois meu pai não desejava mais filhos e fez de tudo para que minha mãe interrompesse a gravidez de várias formas, o que dá para perceber que não funcionou, afinal isso aqui não é uma obra psicografada (rsrs). Sabendo disso, minha mãe, quando descobriu que estava grávida, escondeu o máximo de tempo possível, para minha segurança.

Se não bastasse isso, quando eu tinha 8 anos meu pai foi diagnosticado com câncer e minha mãe também, ambos foram hospitalizados no mesmo quarto. Ele faleceu aproximadamente 1 mês depois e minha mãe recebeu um prognóstico de 6 meses se vida. Por um lado, a paz chegou na nossa casa após o falecimento do meu pai, mas com ela veio a total falta de recursos financeiros e a sombra do medo sobre o tempo de vida que minha mãe teria. E bem mais tarde, me veio a culpa por não ter vivido o luto, a dor da perda de meu pai.

A vida escolar também não foi fácil, pois sofri alguns abusos por parte de professores despreparados, ao ponto de uma me chamarem de burra na frente da turma porque fiz uma pergunta sobre algo que havia sido explicado e eu não havia entendido. "Você não entendeu porque é uma boçal", essa frase ecoou em minha memória durante muito tempo. Com toda essa história, eu cresci, é claro, com baixa autoestima, amedrontada, acreditando que a vida era uma luta, que eu não era capaz, tendo pânico de falar em público, tendo medo de relacionamentos, cheia de culpa, com medo de julgamento e sem nenhuma conexão com a prosperidade.

Mas quero contar para vocês sobre a virada do jogo e não sobre a parte triste. Farei isso de forma resumida, pois estou em apenas um capítulo. E para começar a virada, muitas vezes são pequenas viradas e não uma super virada.

Tudo começou com as afirmações da minha mãe. Uma delas era: "Eu não tenho tempo para morrer, tenho dois filhos para criar". Em nossa casa havia muitos livros, que foram comprados na época que tínhamos dinheiro, e alguns eram do grandioso escritor Joseph Murphy. Muito cedo minha mãe começou a compartilhar comigo essas preciosidades. Eu não deixarei vocês em suspense, minha mãe viveu 30 anos, contrariando todas as previsões médicas e quando faleceu, foi por outros motivos. Ela foi um grande exemplo.

Comecei a trabalhar com 16 anos, pois, como mencionei anteriormente, vivíamos com muita dificuldade financeira. Fui para a faculdade de Psicologia, utilizando bolsa e trabalhando para pagar os estudos e ajudar na casa. Durante os anos de faculdade, eu dizia "Posso até não vencer na vida, mas ninguém poderá dizer que foi por falta de esforço", por mais que eu já tivesse lido muito, eu não entendia o peso dessa afirmação.

Alguns anos depois eu "descobri" as técnicas do Renascimento e os livros da Louise Hay e mergulhei nesses estudos, trabalhei e fiz formações nas duas ferramentas e com elas eu realmente virei o jogo! Aprendi o poder terapêutico do perdão, da cura da criança interior, da gratidão, em como mudar meu *mindset*, enfim, a mudança foi acelerada. Hoje sou empresária, trabalho para o mundo corporativo com treinamentos e *coaching*.

Para os clientes fora do corporativo, iniciei trabalhando com atendimentos, mas meu desejo de impactar mais pessoas me fez criar programas e workshops, assim minha voz chegaria mais longe. Tudo que criei foi baseado em muitos estudos e práticas que vi funcionar em minha própria vida e em meus clientes ou treinandos.

Quando olho minha vida, considero que eu fui uma "improvável"; de uma menina que passava mal se tivesse que apresentar um trabalho na escola e que chorou em sua primeira entrevista de emprego, para uma palestrante e treinadora, que tem canal no You Tube e Instagram ativos; de uma vida com muita dificuldade financeira para a prosperidade; de relacionamentos impossíveis, para relacionamentos incríveis. Com certeza, eu aprendi a escrever minha própria história, e você, quer aprender?

Qual foi a estratégia que usei?

Em primeiro lugar, uma boa dose de coragem, que gosto de chamar de **ousadia**. Você precisa ser ousado para olhar para sua história, reconhecer que precisa mudar alguns pontos e assumir que isso depende de você e não dos outros.

"Coragem não é ausência de medo, mas sim, a capacidade de caminhar, mesmo com os joelhos tremendo de medo".
Rollo May

Não foi um processo fácil, teve muito choro, muito medo, raiva. Observei que meus clientes que continuavam no papel da vítima e que não tinham coragem para segurar as rédeas, não saíam do lugar, por mais incrível que a ferramenta fosse. Depois desse passo, minha estratégia para virar o jogo abordou 4 pontos principais, explicados abaixo:

1. Nossas crenças

Quais são suas crenças sobre felicidade? Relacionamento? Prosperidade? Saúde? Sucesso? Essas crenças ativam nosso Sistema Ativador Reticular Ascendente (SARA), que nos faz perceber mais algumas coisas do que outras.

Informação super importante: os estudos mostram que nossas crenças são criadas principalmente por eventos repetitivos ou por eventos com alto impacto emocional. Por isso, algumas ferramentas que eu trabalho utilizam técnicas que envolvem exercícios de repetição ou atividades de alto impacto emocional.

Usar afirmações diferentes a cada dia, não funciona.

2. Nossos sentimentos

As experiências que vivemos, ou que nossos pais viveram, foram registradas em nós, em nossos corpos, em cada célula. Cada vez que pensamos naquela história triste, trazemos todos os sentimentos de volta. Para nossos corpos, estamos vivendo aquilo mais uma vez.

Os exercícios de respiração conectada consciente foram de fundamental importância para liberação dessas emoções travadas no corpo. Além das técnicas para trabalhar, essas emoções de forma estruturada. Então, conta para mim, você tem mágoas? Raiva? Ciúme incontrolável? Insegurança? Dentro de você tem uma criança ferida gritando por atenção e ajuda? Quando você pensa na vida que deseja, seu peito se enche de amor ou de medo? No que você vibra? Um pensamento impulsionado pela emoção adequada é boa parte do que precisamos.

3. Nossas ações

Nada muda se você não fizer algo também no plano da matéria. Você precisa agir. Nesse momento, um bom plano de *coaching* te ajudará. Eu atuo como mentora e *coach* há mais de 20 anos e muitas vezes eu suportava clientes que tinham sonhos, metas, mas não davam um só passo na vida real.

Eu estou iniciando no mundo digital e não é mágica, preciso gravar vídeos, fazer postagens, colocar anúncio, não adianta somente afirmar, vai muito além disso. O que você tem feito para que o plano divino da sua vida se manifeste?

4. Nossas palavras

> *"O que contamina o homem não é o que entra na boca do homem, mas o que sai de sua boca."*
>
> Mateus 15:11

Todos os dias você profetiza coisas com suas palavras, lembre-se disso.

Vamos pensar na famosa reclamação?
Você é do tipo "poli-reclamão"?

A reclamação é um veneno que você mesmo bebe todos os dias, por toda a sua vida. Cada vez que você for reclamar, mude a sua fala, você pode dizer: "Como pode melhorar?" Usei essa frase por muito tempo, sou facilitadora de Barras de Access e aprendemos essa lá.

Expresse gratidão sempre, sabemos que gratidão é muito mais do que nossa fala, mas é um bom começo. Escolha ao invés de reclamar, agradecer.

Finalizando meu capítulo, fico feliz por hoje estar manifestando o "Plano Divino da Minha Vida", trabalho levando essas técnicas para mais pessoas.

Para alcançar um número maior de pessoas, preparei alguns programas totalmente online e gravados sobre Perdão, Criança Interior e Gratidão. Além dos programas oficiais no Método Louise Hay, 21 Dias para a TransformAção da sua vida; e alguns presenciais que são Retiros, Você Pode Curar a sua Vida e Ouse ser você.

Oferto também periodicamente totalmente grátis "Vivendo Além da Mayatrix", baseado no Método Louise Hay.

Leve isso em seu coração:

Você é a melhor pessoa no mundo para ser você, então, não desista desse lugar, não viva um papel escrito por outro, tenha ousadia de escrever sua própria história.

“

Ouse não ser o protagonista de sua vida.

Wania Rigo

”

EDITORA
CHAVE MESTRA®